I0159773

Шаги
к СВОБОДЕ
во Христе

Нил Т.
АНДЕРСОН

Originally published in English under the title
Steps to Freedom in Christ
by Neil T. Anderson

Copyright © 2000, 2003, 2009 Neil T. Anderson
English ISBN 978-1-85424-943-2

Russian edition
translated and published by arrangement with Freedom in Christ International.

Шаги к Свободе во Христе
Нил Т. Андерсон

Если не указано иначе, все библейские цитаты приводятся по Синодальному переводу Библии.

Переводчик: Ольга Нел
Редакторы: Владимир Шевченко
Татьяна Томашевская
Художник-оформитель: Айгарс Трухинс

ISBN 978-9984-613-87-1

© 2016 Служение Свобода во Христе
www.FICMinternational.org

Издатель FICMI (Международное служение Свобода во Христе, Inc.)
http://www.ficminternational.org/

Содержание

Как извлечь максимальную пользу из процесса «Шаги к Свободе во Христе»?

(Стив Госс, международный директор служения «Свобода во Христе»)

Процесс «Шаги к Свободе во Христе» исключительно полезен каждому христианину. Я стараюсь проходить данный курс раз в год как своеобразную духовную профилактику и нахожу его очень важным для своего духовного развития. Он помогает мне избавиться от накопившейся духовной паутины и приблизиться ко Христу.

Если вам не удается разрешить различные жизненные и духовные проблемы, если вы чувствуете, что застряли в духовном росте или не можете вырваться из замкнутого круга «грех–покаяние–грех–покаяние», тогда «Шаги к свободе во Христе» — для вас.

Вот отзывы людей, прошедших этот процесс:

«Я могу искренне сказать, что обретение полноты духовной свободы во Христе было вторым по значимости событием в моей жизни после принятия Христа как своего Спасителя».

«Трудно описать то чувство свободы и мира, которое воцарилось в моей душе после многих лет стыда и безысходности. Просто не знаю, что сказать. Я снова чувствую себя человеком».

«Моя жизнь полностью изменилась. Я как будто вырвался из темноты обратно к свету».

«Спасибо Иисусу, мое сознание стало таким ясным! Долгие годы там был один туман».

«Обретение свободы во Христе преобразовало всю мою жизнь».

«Шаги к свободе во Христе» не магическая формула и не

пособие типа «помоги себе сам». Это библейская истина в удобной для применения упаковке. Не «Шаги» дают вам свободу, а Сам Христос.

Чтобы извлечь из этих занятий максимальную пользу, вам придется приложить определенное усилие. Если вы на самом деле хотите испытать свободу, которую даровал вам Христос, и не возвращаться к старым негативным стереотипам мышления, то вам нужно посвятить какое-то время изучению того, что сказано в Библии о вашем положении во Христе.

Лучше всего это сделать, посетив курс ученичества «Свобода во Христе». Также можно прочитать книги Нила Андерсона «Победа над тьмой» и «Разрывающий оковы».

Шаги
к СВОБОДЕ
ВО ХРИСТЕ

Вступление

«Итак, стойте в свободе, которую даровал нам Христос, и не подвергайтесь игу рабства» (Гал. 5:1). Если вы приняли Христа, как своего Спасителя, то Он уже даровал вам свободу Своей победой над грехом и смертью на кресте. Вопрос в том, чувствуете ли вы эту свободу в своей жизни или все еще находитесь в рабстве, в чем бы оно ни выражалось?

Христос предлагает вам освобождение от личных и духовных конфликтов, от греха и негативного программирования вашего сознания событиями прошлого, от разрушающего действия чувства вины или непрощения. Свобода открывает путь к познанию, прославлению Бога и послушанию Ему. Это радостный опыт жизни в вере, в соответствии с Божьей истиной и в силе Духа Святого. Это свобода не уступать вожделениям плоти. Конечно, ваша жизнь не станет в одночасье совершенной. Но вы будете постоянно расти, двигаться вперед и иметь полноту жизни во Христе, Который Один в состоянии восполнить наши самые глубокие нужды — обрести жизнь, найти себя, быть принятыми, защищенными и значимыми.

Обретение Свободы

Если вы не испытываете качество жизни в свободе, то, возможно, потому что не стоите твердо в вере или не живете в соответствии со своим новым положением во Христе. По какой-то причине вы вернулись в иго рабства (Гал. 5:1). На карту поставлена не ваша судьба в вечности, а ваша ежедневная победа сейчас, в этой жизни.

Какой бы трудной ни была ваша судьба, у меня для вас хорошие новости. Вы не беспомощная жертва, пойманная между двумя противоборствующими и равными по могуществу небесными силами. Сатана лжец и обманщик, и он сможет получить власть над вами только в том случае, если вы поверите его лжи. Один только Бог всемогущий, вездесущий и всеведущий. Иногда грех и присутствие зла могут казаться реальнее, чем присутствие Господа, но это обман дьявола.

Сатана — поверженный враг, а мы живые во Христе.

Свободными вас делают не «Шаги». Вас освобождает Иисус. Он вам свободу дарует, а вы ее принимаете через покаяние и веру. Занятия предоставляют вам возможность встречи с Богом, Чудесным Советником, путем покорности Ему и противостояния дьяволу (Иак. 4:7). Процесс «Шагов» является инструментом разрешения личных и духовных конфликтов, которые не позволяют вам испытать победу, обретенную для вас Христом на кресте. Ваше освобождение будет результатом того, во что вы сами выберите верить, что исповедать, простить, от чего отречься и отвернуться. Никто не сможет это сделать за вас.

Битва за ваш разум

Ваш разум управляет вашими мыслями и поступками, и за него идет непрекращающаяся битва, духовная брань. Не поддавайтесь на обман сатаны, не обращайте внимание на такие мысли, как «Это не сработает» или «Бог меня не любит», а также на обвинения или запугивания; они смогут помешать вам только в том случае, если вы им поверите. Вы выиграете битву за свой разум, только если примите твердое решение верить истине. Во время прохождения «Шагов» помните, что сатана не в состоянии читать ваши мысли. Всеведущий только Бог, и поэтому Он точно знает, что происходит у вас в голове. Найдите уединенное место, где вы сможете проговаривать каждый «Шаг» вслух. Покориться Богу вы можете внутренне, про себя, но противостоять дьяволу необходимо в голос, произнося каждую молитву, провозглашение и отречение вслух.

Все, что происходит во время процесса «Шагов» — только между вами и Богом. Иисус — Чудесный Советник, поэтому вполне возможно пройти эти шаги самостоятельно. Тем не менее многие предпочитают делать это в присутствии наставника. По возможности лучше всего проходить «Шаги» в своей церкви со специально подготовленными людьми, которые будут вас поддерживать и в дальнейшем помогут сохранить обретенную свободу. Наши работники могут направить вас в ближайшую церковь, где проводится подобное «служение освобождения». Но лучше всего сначала попросить совета у своего пастора.

Перед прохождением «Шагов» очень полезно прочитать книги Нила Андерсона «Победа над тьмой» и «Разрывающий оковы». Они вам помогут лучше понять реальность духовного мира и духовной брани и как к ним относиться. Хотя «Шаги» могут сыграть в вашем возрастании важную роль, духовная зрелость не достигается сразу, в одночасье. Обновление ума и преображение в образ Божий — процесс всей жизни.

Если во время занятия вы начнете испытывать какие-то трудности, остановитесь и помолитесь о них. В том случае, если источник вашей проблемы отличается от тех, которые рассматриваются в «Шагах», вам, возможно, понадобится помощь специалиста. (Поговорите с вашим пастором, попросите совет, к кому обратиться). Главный фокус всего процесса — это ваши отношения с Богом. Если вы не разрешите какую-либо из рассматриваемых проблем, то это негативно скажется на вашей близости с Творцом и каждодневной победе во Христе.

Доверьте Богу вести вас через весь процесс

Каждый «Шаг» объясняется подробно, и вы всегда будете знать, что делать дальше. Совершенно неважно, присутствуют духи тьмы или нет; Бог присутствует всегда. Если вы почувствуете внутреннее сопротивление, остановитесь и помолитесь. Если в вашу голову будут приходить противодействующие или негативные мысли, просто игнорируйте их. Это всего лишь мысли, у них нет над вами никакой власти до тех пор, пока вы им не поверите. В течение всего процесса вы будете просить Бога вести вас, указывать вам на то, что в вашей жизни не так, и с чем необходимо разобраться. Он приведет вас к покаянию, которое позволит вам принять истину, и эта истина вас освободит (2 Тим. 2:24–26). Начните «Шаги» с приведенной ниже молитвы и провозглашения. (Если вы проходите их самостоятельно, то замените «мы» на «я» и так далее.)

Пусть Господь благословит и направляет вас во время прохождения «Шагов». После того как вы сами обретете свободу во Христе, вы сможете помочь другим испытать радость спасения в полную силу.

Молитва

Дорогой Небесный Отец,

Ты присутствуешь в этой комнате и в нашей жизни. Ты — единственный Всезнающий, Всемогущий и Вездесущий. Мы полностью от Тебя зависим, ибо без Тебя мы не можем ничего. Мы стоим на истине, что вся власть на небесах и на земле принадлежит воскресшему Христу. Поскольку мы пребываем в Нем, мы разделяем эту власть, чтобы учить народы и нести пленным освобождение. Мы просим Тебя наполнить нас Твоим Духом Святым и наставить нас на всякую истину. Мы молим о Твоей совершенной защите и просим Твоего водительства. Во имя Иисуса Христа.

Аминь.

Провозглашение

Именем и властью Господа Иисуса Христа мы повелеваем сатане и всем нечистым духам оставить _____(имя), чтобы _____ (имя) был(а) свободен(на) познавать и исполнять волю Божью. Как дети Бога, посаженные со Христом на небесах, мы провозглашаем, что в нашем присутствии всякий враг Господа Иисуса Христа скован молчанием. Мы заявляем сатане и всем его бесам, что они не могут причинить никакой боли или как-либо помешать исполнению Божьей воли в жизни _____ (имя), потому что _____ (имя) принадлежит Господу Иисусу Христу.

Подготовка

Прежде чем приступить к «Шагам», вспомните события вашей жизни, чтобы определить аспекты, над которыми вам необходимо поработать.

ИСТОРИЯ СЕМЬИ

❑ Религиозная сторона жизни родителей, дедушек и бабушек.

❑ Жизнь дома в детстве и юности.

❑ Физические или душевные заболевания в семье.

❑ Усыновление, опека.

ЛИЧНАЯ ИСТОРИЯ

❑ Нарушения питания (булимия, анорексия, обжорство).

❑ Зависимости (наркотики, алкоголь).

❑ Лекарственные препараты (от каких заболеваний?).

❑ Особенности сна, ночные кошмары.

❑ Изнасилование или любое другое сексуальное, физическое или эмоциональное насилие.

❑ Мыслительная жизнь (навязчивые, богохульные, осуждающие и отвлекающие мысли; плохая концентрация; фантазии; мысли, мешающие во время церковного служения, молитвы или изучения Библии).

❑ Эмоциональная жизнь (гнев, тревога, депрессия, горечь и страх).

❑ Духовный путь (спасение: когда и как; уверенность в спасении).

Теперь вы готовы приступать. Далее следуют семь «Шагов», которые вам необходимо пройти, чтобы испытать освобождение от своего прошлого. Вы будете разбираться с теми сферами своей жизни, которые дают сатане зацепку и позволяют укрепиться в вашем сознании, используя возведенные там твердыни.

И даже если источник ваших проблем в этих «Шагах» не рассматривается, вы ничего не потеряете, если все-таки эти «Шаги» пройдете. Если вы проработаете все «Шаги» честно, единственное, что может произойти, — ваши отношения с Богом станут лучше.

Шаг 1
ПОДМЕНА или РЕАЛЬНОСТЬ

Первым шагом на пути к свободе во Христе является отречение (вслух) от всякого участия в оккультизме, культах или ложных религиях.

Должно быть отвергнуто участие в любой группе, отрицающей Иисуса Христа как Господа или поднимающей значимость какого-либо учения или книги до (или выше) уровня Библии. Кроме того, необходимо отречься вслух от причастности к группам, требующим тайных обрядов, церемоний, посвящений или обетов.

Бог считает обращение за ложным наставничеством очень серьезным проступком. «И если какая душа обратится к вызывающим мертвых и волшебникам,… то Я обращу лице Мое на ту душу, и истреблю ее из народа ее» (Лев. 20:6).

Начните этот Шаг следующей молитвой:

Дорогой Небесный Отец,

прошу, напомни мне обо всех случаях, когда я сознательно или по неведению занимался(лась) чем-либо, связанным с оккультизмом, культами или ложными религиями. Я хочу пребывать в Твоей свободе, отрекшись от любого ложного наставничества. Во имя Иисуса Христа. Аминь.

Господь может напомнить вам то, что вы уже давно забыли. Возможно, вы принимали участие в каких-то обрядах, считая это игрой или шуткой. Сейчас вам необходимо от этого отречься. Сатана попытается воспользоваться в вашей жизни всем, чем только сможет, поэтому вам важно разобраться с этим очень тщательно. Даже если вы были просто пассивным наблюдателем, не понимая опасности происходящего, отрекитесь от этого сейчас.

Если что-то приходит вам на память, но вы не уверены, что с этим делать, доверьтесь водительству Духа Святого и отрекитесь также и от этого. Вам необходимо удалить из своей жизни любые возможные зацепки сатаны.

Ниже приведен перечень «Нехристианский духовный опыт», содержащий основные практики оккультизма, существующие культы и ложные религии. Этот список неокончательный, дополните его, если у вас был какой-то другой опыт.

Внимательно изучите весь перечень, а также следующие за ним вопросы, и отметьте для себя то, что относится к вам. После этого помолитесь (образец молитвы приведен ниже) и вслух отрекитесь от каждого ложного духовного опыта, о котором Господь вам напомнит. С особым вниманием отнеситесь к необходимости отречения от национальных нехристианских религиозных учений и обрядов, присущих культуре вашего народа.

Перечень «Нехристианский духовный опыт»

ОККУЛЬТИЗМ

❑ Выход из тела (астральная проекция)

❑ Доска уиджа (гадание по планшетке, «бегающая тарелочка»)

❑ Оккультные игры (столоверчение, поднятие тела, «кровавая Мэри» и др.)

❑ Проклятия, заклятия, заговоры, заклинания, порча, сглаз

❑ Телепатия, психический контроль

❑ Экстрасенсорика

❑ Автоматическое письмо

❑ Состояния транса

❑ Духи-наставники

❑ Гадание

❑ Карты Таро

❑ Левитация

❑ Материализация

❑ Трансцендентная медитация

❑ Сеансы управляемого воображения

❑ Ясновидение

❑ Колдовство, чародейство, ворожба

❑ Сатанизм

❑ Хиромантия

❑ Астрология, гороскопы

❑ Гипноз

❑ Спиритические сеансы

❑ Черная или белая магия

❑ Пакты (заветы) крови

❑ Фетишизм (объекты поклонения, хрустальные шары, амулеты)

❑ Сексуальные духи

❑ Религия боевых искусств

❑ Приметы, предрассудки (постучать по дереву, пятница 13-е и др.)

❑ Фетишизм

- ❏ Вуду
- ❏ Видео или компьютерные игры с оккультизмом или насилием
- ❏ Другое_____

ЛОЖНЫЕ РЕЛИГИИ

- ❏ Буддизм (включая Дзен)
- ❏ Индуизм
- ❏ Ислам
- ❏ Черное мусульманство
- ❏ Йога (религия)
- ❏ Кришнаизм
- ❏ Бахаизм
- ❏ Управление мышлением по методу Сильва
- ❏ Орден розенкрейцеров
- ❏ Национальные языческие религии и духовные обряды
- ❏ Другое_____

КУЛЬТЫ И ПРАКТИКИ

- ❏ Мормонство
- ❏ Свидетели Иеговы
- ❏ Масонство
- ❏ Христианская наука
- ❏ Наука разума
- ❏ Движение Объединения (мунизм)
- ❏ Церковь «Дети Бога»
- ❏ Сайентология
- ❏ Унитаризм, универсализм
- ❏ Новый век (учение, медицина)
- ❏ Фэн-шуй
- ❏ Рэйки
- ❏ Другое_____

Запишите также все, что Господь приведет вам на память: фильмы, телевизионные шоу, музыку, книги, журналы, комиксы, особенно прославляющие сатану, показывающие насилие, стимулирующие похоти или вызывавшие у вас страх и ночные кошмары.

_____
_____
_____

Дополнительные вопросы, помогающие выявить ложный религиозный опыт, от которого необходимо отречься.

1. Слышали ли вы, видели или ощущали когда-либо присутствие злого духа в вашей комнате?

_____
_____
_____

2. Бывают ли у вас повторяющиеся ночные кошмары? Сознательно отрекитесь от любого сопровождающего их страха.

_____
_____
_____

3. Есть ли у вас сейчас или был когда-нибудь воображаемый друг, дух или ангел, предлагающий вам наставничество или дружбу? (Если у него есть имя, отрекитесь от него по имени)

_____
_____
_____

4. Слышали ли вы когда-нибудь голоса? Посещали ли вас навязчивые изводящие мысли (такие как: «Я глупый», «Я ужасно некрасивая», «Никто меня не любит», «Я ничего не могу сделать хорошо»), как будто бы у вас в голове происходил диалог?

_____
_____
_____

5. Консультировались ли вы когда-нибудь с медиумом, спиритуалистом или духовным проводником?

_____
_____
_____

6. Видели ли вы когда-нибудь или входили в контакт с существами, которые вам казались инопланетными?

_____

_____

_____

7. Заключали ли вы когда-нибудь тайный договор или давали тайную клятву (или внутренний зарок, например, Я никогда не буду...)?

_____

_____

_____

8. Участвовали ли вы когда-нибудь в сатанинском ритуале или посещали концерт или другое мероприятие, посвященное сатане?

_____

_____

_____

9. Имели ли вы какой-то другой ложный духовный опыт, который причинял вам страх, неловкость или тревогу?

_____

_____

_____

После того, как вы пройдете весь перечень и ответите на вопросы, признайте свое участие во всем, что вам напомнил Дух Святой, и отрекитесь от этого, произнося вслух молитву по каждому пункту вашего списка:

Господь,

я исповедую мое участие в_____. Я отрекаюсь от _____, как от подмены истины ложью, и отнимаю у врага право влиять на мою жизнь через эту практику. Спасибо Тебе за то, что во Христе я прощен. Аминь.

Те, кого мучают навязчивые мысли или голоса (см. вопрос 4), помолитесь также следующей молитвой:

Господь Иисус,

я признаю, что прислушивался(лась) к голосам, навязчивым негативным или обвиняющим мыслям у себя в голове _____ (назовите конкретно к каким). Теперь я принимаю решение верить не им, а истине. Я прошу прощения за то, что обращал(а) внимание на эти мысли и отрекаюсь от них. Во имя Твое. Аминь.

ОЦЕНИТЕ СВОИ ПРИОРИТЕТЫ

Мы были созданы для поклонения истинному живому Богу. Небесный Отец ищет тех, кто будет поклоняться Ему в Духе и истине (Ин. 4:23). Как дети Божьи мы «знаем также, что Сын Божий пришел и дал нам свет и разум, да познаем Бога истинного и да будем в истинном Сыне Его Иисусе Христе. Сей есть истинный Бог и жизнь вечная» (1 Ин. 5:20).

Эти слова апостол Иоанн заканчивает предупреждением: «Дети! Храните себя от идолов» (1 Ин. 5:21). Идол — это ложный бог или любой другой объект поклонения, кроме истинного Бога. Может быть, мы и не поклоняемся статуям, но незаметно какие-то предметы или люди стали для нас более важными, чем отношения с Богом. Следующей молитвой выразите свое желание поклоняться Господу и служить Ему одному (Мф. 4:10):

Господь Бог,

я знаю, как легко вещи или люди могут стать для меня более важными, чем Ты. Я знаю, что это для Тебя оскорбительно, так как Ты наказал нам не иметь других богов и не создавать себе кумиров.

Я признаю, что не любил(а) Тебя всем сердцем, душой и умом, тем самым нарушая первую и самую важную Твою заповедь. Я каюсь в этом грехе, отворачиваюсь от своего идолопоклонства и делаю выбор вернуться к Иисусу Христу.

Пожалуйста, напомни мне всех идолов, которые присутствовали в моей жизни. Я отрекаюсь от каждого из них и отнимаю у сатаны право влиять на мою жизнь. Во имя Иисуса Христа, истинного Бога. Аминь. (Исх. 20:3; Мф. 22:37; Откр. 2:4, 5).

Приведенный ниже список поможет вам вспомнить, что стало для вас важнее истинного Бога, Иисуса Христа. Обратите внимание, большинство из того, что упомянуто здесь само по себе не является плохим. Оно становится идолом, когда занимает место Бога в нашей жизни.

- ❑ Дети
- ❑ Родители
- ❑ Супруг/супруга
- ❑ Любимый/любимая
- ❑ Друзья
- ❑ Знаменитости, артисты, спортсмены
- ❑ Внешний вид, имидж
- ❑ Пища
- ❑ Табак, алкоголь, наркотики
- ❑ Деньги, имущество
- ❑ Финансовая защищенность
- ❑ Знание, стремление быть правым
- ❑ Популярность, мнение других

- ❑ Власть, контроль
- ❑ Честолюбие
- ❑ Работа
- ❑ Постоянная занятость
- ❑ Церковная деятельность
- ❑ Христианское служение
- ❑ Спорт или физические упражнения
- ❑ Развлечения
- ❑ Компьютеры, игры
- ❑ Телевидение, другие средства массовой информации
- ❑ Фильмы, музыка
- ❑ Хобби
- ❑ Другое _____

Воспользуйтесь следующей молитвой, чтобы отречься от каждого идола или неверного приоритета в своей жизни, о которых вам напомнил Дух Святой:

Господь,

я признаю, что _____(назовите что или кто) стало для меня важнее, чем Ты. Я отрекаюсь от этого идолопоклонства. Я выбираю поклоняться только Тебе, Господь. Прошу, помоги мне отвести _____(назовите идола) правильное место в своей жизни. Во имя Иисуса Христа. Аминь.

ПОКЛОНЕНИЕ САТАНЕ И УЧАСТИЕ В САТАНИНСКИХ РИТУАЛАХ

Если вы принимали участие в обрядах сатанинского поклонения или у вас есть подозрение, что был подобный опыт, но ваша память заблокировала эти воспоминания (например, вы страдаете от часто повторяющихся ночных кошмаров или эмоциональных расстройств), то вам необходимо вслух произнести специальные отречения (см. таблицу ниже). Читайте текст по строкам: сначала отречение из графы «Царство тьмы», а затем провозглашение из графы «Царство света». Пройдите все пункты до конца.

У некоторых людей, подвергшихся сатанинскому ритуальному надругательству, могут развиться диссоциативные психические расстройства (расщепление личности, деперсонализация и т.д.), как механизмы, защищающие от боли. В таком случае необходима помощь специалиста, разбирающегося в подобных расстройствах психики и также опытного в ведении духовной брани. Если это ваш случай, постарайтесь все-таки проработать «Шаги», как сможете. Прежде чем восстановить вашу личность, очень важно избавиться от каких бы то ни было демонических твердынь в вашей жизни.

Особые отречения

Царство тьмы	Царство света
Я отрекаюсь от того, что сам(а) или через посредника подписывал(а) свое имя сатане.	Я заявляю, что мое имя теперь записано в книге жизни Агнца.
Я отрекаюсь от какого-бы то ни было ритуала, сочетающего меня с сатаной.	Я заявляю, что я невеста Христа.
Я отрекаюсь от всех заветов или соглашений, заключенных с сатаной.	Я заявляю, что состою в новом завете с Христом.
Я отрекаюсь от всего, что было назначено сатаной для моей жизни, включая мои обязанности, брак и воспитание детей.	Я заявляю, что посвящаю себя познанию и исполнению только воли Божьей и признаю только Его руководство в своей жизни.
Я отрекаюсь от любых духов-наставников, назначенных мне.	Я заявляю, что подчиняюсь только водительству Духа Святого.
Я отрекаюсь от того, что отдавал(а) свою кровь для служения сатане.	Я уповаю только на пролитую кровь Господа Иисуса Христа.
Я отрекаюсь от всех случаев, когда я ел(а) плоть или пил кровь в ритуалах сатанинского поклонения.	Верой я принимаю только святое причастие, символизирующее тело и кровь Господа Иисуса.
Я отрекаюсь от всех опекунов и сатанинских родителей, назначенных мне.	Я заявляю, что Бог — мой Небесный Отец и Дух Святой, которым я запечатлен(а) — мой Хранитель.
Я отрекаюсь от любого обряда крещения, в котором я был(а) посвящен(а) сатане.	Я заявляю, что я крещен(а) в Иисуса Христа, и суть моей личности — в Нем.
Я отрекаюсь от всех жертвоприношений, сделанных от моего имени, из-за которых сатана может заявлять на меня свои права.	Я заявляю, что только жертва Иисуса Христа имеет надо мной власть. Я принадлежу Ему и искуплен(а) кровью Агнца.

Если Дух Святой приводит вам на память какие-то другие демонические ритуалы, заветы, обещания или задания, необходимо отречься от каждого из них.

Шаг 2
ЛОЖЬ или ИСТИНА

Слово Божье — это истина, и нам необходимо принять его в самую глубину своего сердца (Пс. 50:8). Мы должны верить ему, независимо от того, чувствуем мы так или нет! Иисус есть Истина, Дух Святой — Дух истины, Библия — это истина, и мы призваны говорить истину с любовью (Ин. 14:6; 16:13; 17:17; Еф. 4:15).

У последователя Христа не должно быть ничего общего с ложью, искажением правды, преувеличением и всем тем, что так или иначе связано с обманом. Сатана — отец лжи (Ин. 8:44) и своим обманом он пытается держать нас в рабстве (Откр. 12:9; 2 Тим. 2:26). Но истина Иисуса Христа нас освобождает (Ин. 8:32–36).

Когда мы отказываемся от лжи и начинаем открыто жить в истине, мы испытываем настоящую радость и освобождение. Царь Давид, после того, как покаялся в своем грехе, написал: «Блажен человек,... в чьем духе нет лукавства!» (Пс. 31:2).

Мы призваны «ходить в свете» (1 Ин. 1:7). Когда мы знаем, что Бог любит и принимает нас такими, какие мы есть, у нас появляется мужество признаться в своих грехах и посмотреть в лицо реальности, вместо того, чтобы убегать и прятаться от правды и болезненных обстоятельств.

Посвятите себя истине и начните этот Шаг, помолившись вслух приведенной ниже молитвой. Не позволяйте никаким противодействующим мыслям, таким как «Я просто теряю время» или «Хотел бы я в это верить, но не могу», помешать вам продвигаться вперед. Даже если этот Шаг покажется вам трудным или у вас возникнет внутреннее сопротивление, проявите настойчивость и пройдите его до конца. Если вы положитесь на Бога, Он вас укрепит.

Дорогой Небесный Отец,

Ты есть истина, и я хочу жить по вере согласно Твоей истине. Благодарю Тебя за то, что истина меня освободит. Я признаю, что был(а) обманут(а) сатаной, отцом лжи, и обманывался(лась) сам(а). Отец, Я молюсь именем Господа Иисуса Христа, на основании Его пролитой крови и воскресения, и прошу запретить всем духам обольщения обманывать меня.

Я принял(а) Иисуса как своего Спасителя и знаю, что во Христе я Твое прощенное дитя и Ты принимаешь меня таким(ой), какой(ая) я есть. Поэтому я могу не прятаться, а смело посмотреть в глаза своему греху.

Вспоминая, в каких сферах моей жизни был обман, я приглашаю Духа истины наставить меня на всякую правду. Пожалуйста, «испытай меня, Боже, и узнай сердце мое; испытай меня, и узнай помышления мои, и зри, не на опасном ли я пути, и направь меня на путь вечный». Во имя Иисуса Христа.

Аминь. (Пс. 138:23–24)

Есть много способов, которыми сатана, «бог века сего» (2 Кор. 4:4), пытается нас обмануть. Как и Еву, дьявол старается убедить нас полагаться на самих себя и удовлетворять свои нужды мирскими путями, вместо того, чтобы доверять нашему Отцу на небесах.

Следующее упражнение поможет понять, как вы были обмануты миром. В предложенном ниже списке отметьте каждую ложь, присутствующую в вашей жизни, на которую вам указывает Дух Святой, и исповедайте ее, используя молитву, приведенную после списка.

Вы обмануты миром, если верите, что:

❏ деньги и вещи принесут вам длительное счастье (Мф. 13:22; 1 Тим. 6:10);

❏ чрезмерное потребление пищи и алкоголя смогут помочь вам снять стресс и сделают вас счастливым (Прит. 23:19–21);

❏ внешняя привлекательность и обаяние смогут дать вам все, что вы захотите (Прит. 31:30; 1 Пет. 2:11);

☐ потакание своим сексуальным желаниям принесет вам длительное удовлетворение (Еф. 4:22; 1 Пет. 2:11);

☐ можно согрешить и не иметь потом никаких негативных последствий (Евр. 3:12–13);

☐ вам нужно больше того, что Бог дал вам во Христе (2 Кор. 11:2–4; 13–15);

☐ можете делать все, что угодно, и никто и пальцем вас не тронет (Прит. 16:18; Авд. 3; 1 Пет. 5:5);

☐ люди, отказывающиеся принять Христа, в любом случае будут в раю (1 Кор. 6:9–11);

☐ можно вращаться в плохой компании, и при этом не развратиться (Прит. 4:23–27; Мф. 5:28);

☐ на земле нет расплаты за грех (Гал. 6:7–8);

☐ для счастья необходимо завоевать одобрение определенных людей (Гал. 1:10);

☐ чтобы иметь высокую самооценку, необходимо соответствовать определенным стандартам (Гал. 3:2–3; 5:1).

Господь Иисус,

я признаю, что был(а) обманут(а)_____ (конкретно назовите чем). Я благодарю за Твое прощение и отныне буду верить только Твоей истине. Во Имя Твое. Аминь.

Кроме того, что вы можете быть обмануты миром, ложными учителями или духами, вы также можете обманывать себя сами. Поскольку вы сейчас живы во Христе, прощены и полностью приняты, вы не должны защищаться ложью, как раньше. Христос теперь является вашей истиной и защитой.

Внимательно изучите два списка, предложенных ниже. Исповедайте все случаи, на которые вам укажет Дух Святой, когда вы сами себя обманывали или неправильно защищали. Используйте молитвы, приведенные в конце каждого списка.

Вы обманываете себя, если:

❑ слышите Слово Божье, но не исполняете его (Иак. 1:22);

❑ говорите, что безгрешны (1 Ин. 1:8);

❑ воображаете себя кем-то, кем на самом деле не являетесь (Гал. 6:3);

❑ думаете, что мудры в этом суетном мире (1 Кор. 3:18–19);

❑ полагаете, что можете быть благочестивым, не обуздывая при этом свой язык (Иак. 1:26).

Господь Иисус,

я признаю, что обманывал(а) себя_____ (перечислите то, что вы отметили в списке). Спасибо за Твое прощение. Отныне я верю только Твоей истине. Во имя Твое. Аминь.

Вы неправильно защищаете себя следующими способами (защитными механизмами):

❑ отрицание реальности (сознательное или несознательное);

❑ фантазии (уход от реальности через мечтательность, телепрограммы, кино, музыку, компьютерные и видео-игры, наркотики, алкоголь и тому подобное);

❑ эмоциональная изоляция (уход от людей или желание сохранять дистанцию из-за боязни быть отвергнутым);

❑ регрессия (уход в прошлое, к более безопасным временам);

❑ вымещение (выплеск раздражения на других);

❑ проекция (приписывание другим своих собственных недостатков);

❑ рационализация (оправдание своих неправильных поступков);

❑ лицемерие (создание ложного впечатления о себе).

Господь,

я признаю, что защищал(а) себя неправильными способами_____ (перечислите все, что вы отметили в этом списке). Спасибо за Твое прощение. Я принимаю решение полностью довериться Тебе и верить, что Ты будешь хранить и защищать меня. Во имя Иисуса Христа. Аминь.

Механизмы, вырабатываемые нами для защиты от эмоциональной боли, часто глубоко укореняются в нашем сознании. Вам может потребоваться дополнительное наставничество или консультирование, чтобы суметь позволить Богу быть скалой, твердыней, избавителем и убежищем (Пс. 18:2–3). Каждому христианину необходимо понять, что Иисус — это единственная защита, которая ему нужна. Понимание того, что благодаря Христу вы уже прощены и приняты Богом, поможет вам полностью Ему довериться.

Вера — это реакция на библейскую истину. Верить тому, что говорит Бог, — это наш выбор. Если вы говорите «Я хотел бы верить Богу, но не могу», вы себя обманываете. Конечно же, вы можете Ему верить, ведь Бог говорит только истину. Вера — это акт воли, ваше решение, а не то, что вы чувствуете.

Правда о Боге Отце

Часто нашей духовной жизни серьезно мешает прочно укоренившийся в нас обман о Боге Отце — ложное представление о Его характере. Следующее упражнение поможет вам вырваться из пут этой лжи и, наконец, испытать близкие отношения с вашим Отцом Небесным.

Прочитайте вслух весь список, начиная каждую строчку словами «Я отрекаюсь от лжи, что мой Бог Отец...» и заканчивая ее словами «Я с радостью принимаю истину, что мой Бог Отец ...».

Я отрекаюсь от лжи, что мой Бог Отец:	Я с радостью принимаю истину, что мой Бог Отец:
далекий и незаинтересованный;	близкий и вовлеченный в каждую деталь моей жизни (Пс. 138:1–18);
бесчувственный и равнодушный;	добрый и сострадательный (Пс. 102:8–14);
суровый и взыскательный;	принимающий меня и радующийся мне (Рим. 15:7; Соф. 3:17);
пассивный и холодный;	ласковый и заботливый (Ис. 40:11; Ос. 11:3, 4);
отсутствующий и слишком занятый;	всегда со мной и жаждущий быть со мной (Евр. 13:5; Иер. 31:20; Иез. 34:11–16);
нетерпимый, гневный и отвергающий;	терпеливый, милосердный и благоволящий ко мне (Исх. 34:6; 2 Пет. 3:9; Пс. 146:11);
злобный и жестокий;	любящий и оберегающий (Иер. 31:3; Ис. 42:3; Пс. 17:2);
отнимающий все радости в жизни;	дающий полноту жизни, воля Его благая и совершенная (Плач. 3:22, 23; Ин. 10:10; Рим. 12:1, 2);
контролирующий и манипулирующий;	дающий благодать и свободу совершать ошибки (Евр. 4:15, 16; Лк. 15:11–16);
осуждающий и непрощающий;	милосердный и прощающий, всегда готовый принять меня обратно (Пс. 129:1–4; Лк. 15:17–24);
придирчивый перфекционист.	помогающий мне духовно расти и учащий меня праведности, совершая все ко благу (Рим. 8:28, 29; Евр. 12:5–11; 2 Кор. 7:14).

Я ЗЕНИЦА ЕГО ОКА!
(Втор. 32: 9–10)

Если вы испытываете сложности с принятием данных истин, то произносите эти провозглашения вслух каждый день в течение примерно шести недель и внимательно изучайте соответствующие стихи Библии.

Вы испытываете страх или тревогу?

Навязчивая тревога или страх могут доминировать над нами и мешать жить в победе, завоеванной для нас Иисусом Христом. Если вы чувствуете, что эти чувства не позволяют вам испытывать полноту жизни в свободе и силе Духа Святого, необходимо специально отречься от подобных эмоций (см. Приложения 1 и 2).

Учение Нового Века исказило концепцию веры, утверждая, что если во что-то веришь, то оно обязательно произойдет. Это ложь. Мы не способны создавать реальность своим разумом. На это способен только лишь Творец. Своим мышлением мы можем лишь пытаться понять реальность. Вера — это решение доверять тому, что говорит Бог, независимо от того, что диктуют нам чувства или обстоятельства жизни. Вера во что-то не делает это истинным. Мы выбираем верить в то, что уже является истинной.

Все живут верой. Единственное различие между христианской и нехристианской верой заключается в ее объекте. Если сам объект веры не заслуживает доверия, то, как бы сильно мы в него ни верили, мы не сможем его изменить. Вот почему наша вера должна основываться на прочной скале живого Бога и на истине Его Слова. Только тогда наша жизнь будет полной и принесет много плодов. А если то, во что мы верим, не является правдой, то мы не сможем испытать свободу, которую дает только истина.

Больше двух тысяч лет христиане знают о важности публичного провозглашения своей веры. Сделайте это сейчас. Прочитайте вслух следующие «Утверждения истины», внимательно вдумываясь в то, что вы исповедуете. Ежедневное прочтение вслух этих утверждений в течение нескольких недель поможет вам обновить свой разум в Божьей истине.

Утверждения истины

1. Я признаю, что есть только Один истинный и живой Бог, существующий как Отец, Сын и Святой Дух. Он достоин всей чести, хвалы и славы как Тот, Кто сотворил все, и «все Им стоит» (Исх. 20:2–3; Кол. 1:16–17).

2. Я признаю Иисуса Христа Мессией, Словом, ставшим плотью и обитавшим среди нас. Я верю, что Он пришел, чтобы разрушить дела дьявола, и что Господь, «отняв силы у начальств и властей, властно подверг их позору, восторжествовав над ними Собою» (Ин. 1:1–14; Кол. 2:15; 1 Ин. 3:8).

3. Я верю, что Бог явил Свою любовь ко мне тем, что, когда я был(а) еще грешником(цей), Христос за меня умер. Я верю, что Он избавил меня от власти тьмы и ввел меня в Свое царство, и что в Нем я имею искупление и прощение грехов (Рим. 5:8; Кол. 1:13–14).

4. Я верю, что теперь я дитя Божье и посажен(а) с Христом на небесах. Я верю, что спасен(а) благодатью Божьей через веру, и что это дар, а не результат моих дел (Еф. 2:6, 8–9; 1 Ин. 3:1–3).

5. Я выбираю укрепляться Господом и могуществом силы Его. Я не уповаю на плоть, потому что «оружия воинствования нашего не плотские, но сильные Богом на разрушение твердынь». Я облекаюсь во всеоружие Божье. Я решаю стоять твердо в вере и противостоять дьяволу (2 Кор. 10:4; Еф. 6:10–20; Фил. 3:3).

6. Я верю в то, что без Христа ничего не могу делать, и провозглашаю свою полную зависимость от Него. Я выбираю пребывать во Христе, чтобы приносить много плода и прославлять моего Отца. Я заявляю дьяволу, что Иисус мой Господь. Я отвергаю любые ложные дары и дела дьявола в моей жизни (Ин. 15:5, 8; 1 Кор. 12:3).

7. Я верю, что Иисус есть Истина. Если Он освободит меня, я буду истинно свободным(ной). Я признаю, что хождение в свете — это единственный путь настоящего общения с Богом и человеком. Поэтому, я противостою обману сатаны, пленяя всякое помышление в послушание Христу. Я провозглашаю, что Библия является наивысшим авторитетом истины (Ин. 8:32, 36; 14:6; 2 Кор. 10:5; 2 Тим. 3:15–17; 1 Ин. 1:3–7).

8. Я выбираю предоставить свое тело Богу как живую и святую жертву, как орудие праведности. Я выбираю обновлять свой ум живым Словом Божьим, чтобы познавать, что есть воля Божья, благая, угодная и совершенная. Я откладываю прежний образ жизни ветхого человека и его злые дела и облекаюсь в нового. И провозглашаю, что я — новое творение во Христе (Рим. 6:13; 12:1–2; 2 Кор. 5:17; Кол. 3:9–19; Еф. 4:22–24).

9. Верой я выбираю быть наполненным Духом Святым, чтобы Он наставил меня на всякую истину. Я выбираю жить по Духу, чтобы не исполнять вожделений плоти (Ин. 16:13; Гал. 5:16; Еф. 5:18).

10. Я отрекаюсь от всех эгоистичных целей и выбираю главной целью любовь. Я решаю повиноваться двум величайшим заповедям: любить Господа Бога моего всем своим сердцем, душою и разумом и любить ближнего своего, как самого(му) себя (Мф. 22:37–39; 1 Тим. 1:5).

11. Я верю, что Господь Иисус владычествует на небе и на земле, и Он — глава всякого начальства и власти. Я верю, что дьявол и его бесы подвластны мне во Христе, поскольку я являюсь членом Тела Христова. Поэтому я подчиняюсь заповеди покориться Богу и противостоять дьяволу и повелеваю сатане оставить меня во имя Иисуса Христа (Мф. 28:18; Еф. 1:19–23; Кол. 2:10; Иак. 4:7).

Шаг 3
ГОРЕЧЬ или ПРОЩЕНИЕ

Мы призваны быть милосердными, как милосерден Отец наш Небесный (Лк. 6:36) и прощать других так же, как Он простил нас (Еф. 4:31–32). Исполнение этих заповедей помогает нам избавиться от отравляющей нас горечи, освобождает от прошлого и не позволяет сатане нанести нам ущерб (2 Кор. 2:10–11). Попросите Бога напомнить, кого вам необходимо простить, помолившись вслух следующей молитвой:

Дорогой Небесный Отец,

благодарю тебя за богатство Твоей благости, кротости и долготерпения. Я знаю, что Твоя благость привела меня к покаянию. Я признаю, что не проявил(а) такую же кротость и долготерпение к тем, кто обидел или оскорбил меня. Вместо этого я продолжал(а) накапливать гнев, горечь и негодование к этим людям. Пожалуйста, напомни мне всех, кого необходимо сейчас простить. Во имя Иисуса Христа. Аминь. (Рим. 2:4)

На отдельном листке бумаги напишите список имен, которые приходят вам на память. Не задавайтесь сейчас вопросом, почему вам нужно их простить. Просто запишите всех, кого вспомните.

Часто мы бываем обижены и на самих себя за принятые в прошлом неверные решения. Напишите «Я сам» в конце списка. Простить себя значит принять ту истину, что Бог уже простил вас во Христе. Если Бог вас прощает, то и вы можете простить себя!

Также напишите «Мысли против Бога». Понятно, что Бог никогда не может делать ничего плохого, поэтому Он не нуждается в нашем прощении, но нам нужно освободиться от чувства разочарования, связанного с нашим Отцом Небесным. Люди часто гневаются на Него, потому что Он не сделал того, чего они хотели. Необходимо освободиться, отпустить эти чувства негодования по отношению к Богу (в Приложении 4 приведены образцы молитв прощения себя и Бога, которые при желании вы можете использовать).

Прежде чем вы начнете прощать, давайте вспомним, что такое прощение, и чем оно не является. Вот основные идеи:

Простить не значит забыть.

Люди, пытающиеся забыть обиду, вскоре обнаруживают, что сделать этого не могут. Не откладывайте прощение, в надежде на то, что когда-нибудь боль уйдет. Только после того, как вы примете решение простить, Христос придет и начнет исцелять ваши раны. Исцеление не начнется без прощения.

Прощение — это выбор, волевое решение.

Поскольку Сам Бог требует от вас простить обидчиков, значит, вы способны это сделать. Прощение нам дается трудно, потому что наш естественный инстинкт требует, чтобы за страдание было отмщение. Необходимость простить возмущает наше чувство справедливости. И мы держимся за свой гнев, думая, что этим наказываем своего обидчика за причиненную нам боль.

Но Библия учит нас не мстить за себя: «...Мне отмщение, Я воздам, говорит Господь» (Рим. 12:19). Пусть Бог разбирается с обидевшим вас человеком. Отпустите его «с крючка», потому что пока вы отказываетесь простить, вы продолжаете быть «прицеплены» к вашему обидчику. Вы все еще прикованы к своему прошлому, находясь в плену своей горечи. Прощая, вы отпускаете человека со своего крючка, но он все еще остается на крючке у Бога. Вы должны доверять Ему, веря, что Он разберется по справедливости, то есть сделает то, что вам не подвластно.

Вы скажете: «Но вы не знаете, как меня обидели!» и будете правы. Ни один человек не знает в действительности боль другого, но Иисус знает, и Он учит нас прощать других ради самих себя. Пока вы не отпустите горечь и ненависть, ваш обидчик все еще будет причинять вам боль. Никто не может исправить прошлое, но от него можно освободиться. Прощая, вы получаете свободу от прошлого и от тех, кто нанес вам рану. Простить — это отпустить пленника и затем понять, что пленником были вы сами.

Простить — значит согласиться жить с последствиями чужого греха.

Мы все вынуждены жить с последствиями грехов других людей. Но у нас есть выбор: делать это, пребывая в рабстве горечи или в свободе прощения. Это кажется несправедливым, и вы спросите: «Где же правосудие?» Правосудие — на кресте. Крест оправдывает прощение и с моральной, и с законной точки зрения. Иисус умер один раз за грехи всех людей.

Христос взял на Себя последствия греха для вечности. Бог «незнавшего греха сделал для нас жертвою за грех, чтобы мы в Нем сделались праведными пред Богом» (2 Кор. 5:21). Однако в этой жизни нам приходится временно страдать от последствий грехов других людей. Такова реальность жизни.

Не ждите, пока ранивший вас человек попросит у вас прощения. Помните, Иисус не ждал, пока распинавшие Его попросят извинения, чтобы простить их. Даже когда они насмехались и глумились над Ним, Он молился: «...Отче! прости им, ибо не знают, что делают...» (Лк. 23:34).

Прощение должно быть от всего сердца.

Позвольте Богу напомнить вам все болезненные воспоминания и честно признайте, какие чувства вы испытываете по отношению к тем, кто причинил вам страдания. Прощение не будет полным, если оно не затронет самую глубину вашего сердца. Слишком часто мы боимся причиненной нам боли и поэтому глубоко прячем свои чувства. Позвольте Богу вынести эти поврежденные эмоции на поверхность, чтобы Он смог их исцелить.

Простить — значит не держать зла на вашего обидчика.

Обиженным свойственно напоминать своим обидчикам о совершенном зле, чтобы те чувствовали себя так же плохо, как и они сами! Но мы должны отпустить прошлое и отвергать любую мысль о мщении. Это не значит, что нужно мириться, если кто-то продолжает обращаться с вами плохо. Бог не терпит греха, и вы не должны. Противостаньте греху, при этом продолжая прощать и просить о милости для тех, кто причиняет вам боль. Если вам нужна помощь в установлении библейских границ, чтобы защититься от дальнейших обид, поговорите с другом, консультантом или пастором.

Не ждите, когда вам захочется простить.

Этого не наступит никогда. Примите трудное решение простить, даже если прощать вам не хочется. Как только вы решите простить, сатана потеряет над вами власть, и Бог начнет исцелять ваши душевные раны. Свободу вы обретете сразу, а на исцеление чувств потребуется время.

Теперь вы готовы начать. Выберите в своем списке первого человека и простите его за каждую причиненную вам боль. Не переходите к следующему имени до тех пор, пока не будете уверены, что разобрались со всеми болезненными воспоминаниями, связанными с этим обидчиком. Таким образом пройдите весь список.

Когда вы начнете процесс прощения, Бог может напомнить вам события, о которых вы совершенно забыли. Позвольте Ему это сделать, даже если это причиняет боль. Бог поднимает на поверхность скрытые воспоминания, чтобы вы могли их увидеть и отпустить раз и навсегда. Без этого свободы вам не добиться.

Не оправдывайте поведение обидчика, даже если это очень близкий вам человек.

Не говорите: «Господь, пожалуйста, помоги мне простить». Он уже помогает, и Он будет с вами на протяжении всего процесса. Не говорите: «Господь, я хочу простить», потому что так вы стараетесь обойти трудное решение, которое необходимо принять. Скажите: «Господь, я выбираю простить этих людей...».

Молитесь вслух за каждое болезненное воспоминание, связанное с каждым человеком в списке:

Господь,
я выбираю простить _____(имя человека) за _____ (что он сделал или не сделал), что заставило меня чувствовать_____ (вслух перечислите каждое болезненное переживание, связанное с этим событием).

После того как вы простите человека за каждое воспоминание, причиняющее боль, закончите так:

Господь,
я выбираю больше не держать обиды. Я отказываюсь от права искать отмщения и прошу Тебя исцелить мои душевные раны. Спасибо, что Ты освобождаешь меня от оков горечи и обиды. Прошу Тебя, благослови_____ (назовите человека). Во имя Иисуса Христа. Аминь.

Шаг 4
НЕПОКОРНОСТЬ или ПОДЧИНЕНИЕ

Мы живем в бунтарское время. Многие люди полагают, что имеют право осуждать тех, кому они подчиняются. В нашем обществе часто присутствует атмосфера неуважения к властям, и многие христиане виновны в поддержании такого критического отношения. Конечно, мы не должны соглашаться с действиями, противоречащими библейским принципам, однако нам наказано: «Всех почитайте, братство любите, Бога бойтесь, царя чтите» (1 Пет. 2:17).

Бог поставил над нами власти, и Библия учит нас им подчиняться (Рим. 13:1–5; 1 Пет. 2:13–17). Мы становимся духовно уязвимыми, если против них бунтуем, давая сатане возможность атаки. Бог требует от нас послушания не просто внешнего, а искреннего, идущего от сердца. Это необходимо для нашей собственной духовной защиты.

Писание учит нас молиться за всех начальствующих (1 Тим. 2:1–2) и подчиняться правящим властям (Рим. 13:1–7). Чтобы жить так, как наказывает нам Бог, помолитесь вслух следующей молитвой:

Дорогой Небесный Отец,
Ты сказал, что непокорность такой же грех, как колдовство, а неповиновение то же, что идолопоклонство. Я признаю, что не всегда был(а) покорным(ной) а, наоборот, в сердце своем бунтовал(а) против Тебя и тех, кого Ты поставил надо мною. Пожалуйста, покажи мне все случаи, когда я проявлял(а) неповиновение. Я решаю принять дух покорности и сердце слуги. Во имя Иисуса Христа.
Аминь. (1 Цар. 15:23)

Довериться Господу и позволить Ему действовать в нашей жизни через далеких от совершенства начальников и лидеров — это шаг веры. Но именно этого и требует от нас Бог. Однако в тех случаях, когда стоящие у власти злоупотребляют своим положением и нарушают законы, необходимо искать помощи у более высокого начальства либо обратиться в полицию или другие органы власти.

Если стоящие над вами люди требуют нарушить Божьи законы, тогда, конечно, вам следует подчиниться Богу, а не человеку (Деян. 4:19, 20). Однако будьте осторожны: не нужно думать, что человек, наделенный властью, нарушает Слово Божье, просто потому что говорит делать то, что вам не нравится. Бог установил определенные сферы власти, чтобы защищать нас и поддерживать порядок в обществе. Нам всем нужно принять дух покорности и повиноваться друг другу в страхе Божьем (Еф. 5:21).

Ознакомьтесь со следующим списком и позвольте Господу показать вам, в чем конкретно вы проявляли бунт и неповиновение. После этого помолитесь приведенной ниже молитвой и исповедуйте грехи, о которых Он вам напомнил.

❑ Гражданская власть, налоговое законодательство, правила дорожного движения, вообще отношение к чиновникам (Рим. 13:1–7; 1 Тим. 2:1–4; 1 Пет. 2:13–17).

❑ Родители, приемные родители, опекуны (Еф. 6:1–3).

❑ Учителя, тренеры, школьная администрация (Рим. 13:1–4).

❑ Работодатели, начальники бывшие и настоящие (1 Пет. 2:18–23).

❑ Муж (1 Пет. 3:1–4) или жена (Еф. 5:21; 1 Пет. 3:7).

(Мужьям: Спросите Господа, не спровоцировал ли ваш недостаток любви к жене проявление в ней бунтарского духа. Исповедуйте это как нарушение Слова Божьего (Еф. 5:22–33)).

❑ Руководство церкви (Евр. 13:7).

❑ Бог (Дан. 9:5, 9).

Исповедуйте все случаи неповиновения, которые вам напомнил

Дух Святой:

Господь,
я признаю, что проявлял(а) бунт и неповиновение по отношению к _____(имя или должность) в том, что _____(что вы сделали или не сделали). Спасибо за Твое прощение. Я избираю быть послушным(ной) Твоему Слову. Кровью Иисуса Христа я молюсь, чтобы позиция, занятая врагом в моей жизни вследствие моего неповиновения, была у него отнята. Во имя Иисуса Христа. Аминь.

Шаг 5
ГОРДОСТЬ или СМИРЕНИЕ

Гордость предшествует падению. Она говорит: «Мне не нужна ничья помощь — ни Бога, ни людей. Я сам могу с этим справиться». Ничего подобного, не можете! Мы ничего не можем без Бога, и нам определенно нужна помощь людей. Библия учит «не надеяться на плоть», то есть на самих себя (Фил. 3:3). Истинное смирение состоит в том, чтобы «укрепляться Господом и могуществом силы Его» (Еф. 6:10). Смирение — это упование на Бога, доверие Ему. «...Бог гордым противится, а смиренным дает благодать» (Иак. 4:6).

Писание призывает: «Надейся на Господа всем сердцем твоим, и не полагайся на разум твой. Во всех путях твоих познавай Его, и Он направит стези твои. Не будь мудрецом в глазах твоих; бойся Господа и удаляйся от зла» (Прит. 3:5–7).

В Библии также указывается, в какой духовной опасности мы можем оказаться, если будем проявлять гордыню (Иак. 4:6–10; 1 Пет. 5:1–10).

Чтобы выразить свое решение быть смиренным перед Господом, помолитесь следующей молитвой и попросите Его показать, в чем вы проявляете гордость.

Дорогой Небесный Отец,

Ты сказал, что «погибели предшествует гордость, и падению надменность». Я признаюсь, что думал(а) о себе больше, чем о других. Я не всегда отвергал(а) себя, брал(а) свой крест и следовал(а) за Тобой. Я надеялся(лась) на свои собственные силы, вместо того, чтобы полагаться на Тебя. Я грешил(а), веря, что могу быть успешным(ой) и счастливым(ой) без Тебя. Свою волю я ставил(а) выше Твоей и делал(а) центром своей жизни себя, а не Тебя.

Я каюсь в своей гордости и эгоизме, которые позволили врагу

Господа Иисуса Христа занять место в моей жизни, и прошу, чтобы оно было у него отнято. Я выбираю полагаться на силу и водительство Духа Святого и ничего не делать из себялюбия или тщеславия. В смирении ума и сердца я выбираю почитать других выше себя. И отныне я ставлю Тебя, Господь, в центр своей жизни.

Пожалуйста, испытай мое сердце и покажи, в чем проявлялась моя гордость. Я молюсь во Имя Иисуса Христа. Аминь.

(Прит. 16:18; Мф. 6:33; 16:24; Рим. 12:10; Фил. 2:3)

Прочтите следующий список, прося Духа Святого указать на то, что относится к вам. Потом помолитесь приведенной далее молитвой и исповедуйте всякий грех гордости, о котором напомнит вам Господь.

☐ Склонны поступать по своей воле, а не по воле Божьей;

☐ полагаетесь на собственное понимание и опыт вместо того, чтобы просить Господа направлять вас;

☐ надеетесь на свои силы и возможности вместо того, чтобы зависеть от силы Духа Святого;

☐ стремитесь контролировать других, вместо того, чтобы учиться владеть собой;

☐ слишком заняты собственными «важными» делами, не уделяя времени другим людям;

☐ склонны думать, что вы ни в чем не нуждаетесь;

☐ испытываете трудность в признании собственной вины;

☐ стараетесь больше угодить людям, чем Богу;

☐ озабочены получением заслуженной, по вашему мнению, награды или похвалы;

☐ часто считаете, что ваше мнение и идеи важнее других;

☐ считаете себя более смиренным, духовным или посвященным, чем другие;

☐ стремитесь добиться признания получением титулов, степеней или высоких должностей;

☐ считаете свои нужды важнее нужд других;

☐ считаете себя лучше других в силу ваших способностей или успехов;

☐ другое _____

Помолитесь вслух о каждом проявлении гордыни, характерном для вас:

Господь,

я признаю, что был(а) горд(а)_____(перечислите все, что относится к вам). Спасибо за Твое прощение. Я выбираю смириться пред Тобою и людьми. Я выбираю возлагать все свое упование на Тебя и не надеяться на себя. Во имя Иисуса Христа. Аминь.

Разберитесь с предрассудками и предубеждениями.

Гордость — основной грех дьявола. Она настраивает отдельных людей или группы друг против друга. Стратегия сатаны всегда была «разделяй и властвуй», но Бог дал нам служение примирения (2 Кор. 5:19). Подумайте о том, как Христос ломал барьеры расовых предрассудков между евреями и другими народами:

> Упразднив вражду плотию Своею, а закон заповедей учением, дабы из двух создать в Себе Самом одного нового человека, устрояя мир, и в одном теле примирить обоих с Богом посредством креста, убив вражду на нем. И, придя, благовествовал мир вам, дальним и близким, потому что через Него и те и другие имеем доступ к Отцу, в одном Духе (Еф. 2:14–18).

Мы можем не признавать присутствие каких бы то ни было предубеждений в своем сердце, иногда мы не видим их в себе, однако « ...нет твари, сокровенной от Него, но все обнажено и открыто перед очами Его: Ему дадим отчет» (Евр. 4:13). Попросите Господа пролить свет на вас и показать те области, в которых есть предвзятость.

Дорогой Небесный Отец,

я знаю, что Ты любишь всех одинаково и никого не выделяешь. Ты принимаешь всех людей, которые уповают на Тебя и живут праведно. Ты не судишь их в зависимости от расы, национальности, цвета кожи, пола, экономического положения, церковной принадлежности и тому подобное. Я признаю, что часто относился(лась) к другим с предубеждением, ставя себя выше их. Я не всегда был(а) служителем примирения, а наоборот иногда вносил(а) раздор своим отношением, поступками или словами. Я каюсь во всех случаях проявления предрассудков в своей жизни и прошу указать мне на все способы, которыми этот вид гордости разлагал мой ум и сердце. Во имя Иисуса Христа.

Аминь. (Деян. 10:34; 2 Кор. 5:16)

О каждом случае предрассудков, высокомерия или фанатизма, на который укажет вам Дух Святой, искренне помолитесь следующей молитвой:

Я исповедую и отрекаюсь от греха предрассудков против_____ (назовите человека или группу). Спасибо, Господь, за Твое прощение. Я прошу Тебя изменить мое сердце и сделать меня служителем примирения с _____(назовите человека или группу). Во имя Иисуса Христа. Аминь.

Шаг 6
РАБСТВО или СВОБОДА

Иногда мы оказываемся в замкнутом круге «грех–покаяние-грех–покаяние», из которого нам никак не вырваться. Мы можем впасть в уныние и, в конце концов, просто сдаться и предаться желаниям плоти. Чтобы разорвать эти путы и испытать свободу, нам необходимо следовать наставлениям, данным в Иак. 4:7: «Итак, покоритесь Богу; противостаньте дьяволу, и убежит от вас». Мы подчиняемся Господу, исповедуя свои грехи и раскаиваясь, отворачиваясь от них. Мы противостоим дьяволу, отвергая его ложь. Облекшись во всеоружие Божье, мы способны жить в истине (Еф. 6:10–20).

Чтобы разобраться с грехом, ставшим привычкой, может потребоваться помощь брата или сестры во Христе, которым вы доверяете. В Иак. 5:16 говорится: «Признавайтесь друг пред другом в проступках и молитесь друг за друга, чтоб исцелиться: много может усиленная молитва праведного». Иногда достаточно сделать то, о чем сказано в

1 Иоан. 1:9: «Если исповедуем грехи наши, то Он, будучи верен и праведен, простит нам грехи наши и очистит нас от всякой неправды».

Помните, что исповедание — это не просто произнесение слов: «Я сожалею». Это отрытое признание: «Да, это сделал я». Решили ли вы воспользоваться помощью или открыть свои грехи перед Богом самостоятельно, помолитесь вслух следующей молитвой:

Дорогой Небесный Отец,

Ты велел мне облечься в Господа Иисуса Христа и не давать места плоти. Я признаю, что предавался(лась) похотям, восстающим на мою душу. Благодарю Тебя, что во Христе мои грехи уже прощены, но я преступил(а) Твой святой закон и позволил(а) дьяволу вести войну в моем теле. Я прихожу к Тебе сейчас, исповедуя и отрекаясь от этих грехов, чтобы быть чистым(ой) и свободным(ой) от них. Пожалуйста, напомни мне все грехи плоти, которые я совершил(а),

и то, чем я огорчал(а) Духа Святого. Во имя Иисуса Христа.
Аминь. (Рим. 6:12–13; 13:14; 2 Кор. 4:2; Иак. 4:1; 1 Пет. 2:11; 5:8)

В Писании упоминаются различные грехи плоти (Марк. 7:20–23; Гал. 5:19–21; Еф. 4:23–31). Ниже представлен их примерный перечень, но он далеко не полный. Просмотрите его, внимательно прочитайте приведенные отрывки из Библии и попросите Духа Святого напомнить вам все проступки, которые нужно исповедать. Он может показать вам и то, чего в списке нет. Приведенной ниже молитвой покаяния искренне помолитесь о каждом грехе.

Примечание: сексуальные грехи, развод, аборты, склонность к самоубийству, перфекционизм, расстройства питания, злоупотребление алкоголем, наркотиками или другими химическими веществами будут особо рассмотрены в этом Шаге позже. Возможно, потребуется прибегнуть к дополнительным консультациям, чтобы обрести свободу в этих и других областях.

- ❏ Воровство
- ❏ Ссоры, драки
- ❏ Ревность
- ❏ Зависть
- ❏ Недовольство, критика
- ❏ Осуждение других
- ❏ Сарказм
- ❏ Сплетни, клевета
- ❏ Сквернословие
- ❏ Апатия, лень
- ❏ Ложь
- ❏ Ненависть
- ❏ Гнев
- ❏ Похотливые мысли и поведение
- ❏ Пьянство
- ❏ Страсть к спорам, раздорам
- ❏ Мошенничество
- ❏ Откладывание на потом
- ❏ Жадность, материализм
- ❏ Другое: _____

Господь,

я исповедую, что согрешил(а) против Тебя_____ (назовите грех). Я отворачиваюсь от этого греха и обращаюсь к Тебе. Благодарю за Твое прощение и очищение. Укрепи меня Своим Духом Святым, чтобы я не исполнял(а) вожделений плоти. Во имя Иисуса Христа. Аминь.

Сексуальный грех

Не позволять греху править в наших телах — это наша

обязанность. Мы не должны использовать свое тело или тело другого человека в качестве орудия неправедности (Рим. 6:12–13). Сексуальная безнравственность является грехом не только против Бога, но также и против нашего тела, храма Духа Святого (1 Кор. 6:18–19). Чтобы освободиться от рабства сексуального греха, начните со следующей молитвы:

Господь,
я позволил(а) греху править в моем смертном теле. Я прошу Тебя напомнить мне все случаи, когда мое тело использовалось в качестве орудия неправедности, чтобы я мог(ла) отречься от этих сексуальных грехов и порвать узы этого рабства. Во имя Иисуса Христа. Аминь.

Отрекитесь от каждого случая, когда ваше тело использовалось для сексуальной безнравственности: было ли это совершено по отношению к вам (изнасилование, кровосмешение, сексуальное домогательство), или вы сами сознательно совершили это (порнография, мастурбация, сексуальная нечистота).

Господь Иисус,
я отрекаюсь от _____(назовите сексуальный грех и имя). Я прошу Тебя разорвать эти греховные узы с_____(назовите имя человека) — физические, эмоциональные и духовные.

Теперь предайте ваше тело Господу:

Господь,
я отрекаюсь от всех случаев, когда мое тело использовалось как орудие неправедности, и признаю свое сознательное участие. Прошу, избавь меня от уз сатаны, в которые я попал(а) благодаря этому. Я выбираю предоставить себя в качестве орудия праведности, как живую и святую жертву, угодную Тебе. Я принимаю решение, что мое тело в сексуальном плане будет использоваться только в браке. Я отвергаю ложь дьявола, что мое тело нечисто, или в каком-либо смысле неприемлемо для Тебя из-за моих прежних сексуальных грехов. Господь, спасибо, что Ты полностью очистил и простил меня, что Ты любишь и принимаешь меня таким(ой), какой(ая) я есть. Поэтому сейчас я выбираю принять себя самого(му) и согласиться, что мое тело чисто в Твоих глазах. Во имя Иисуса Христа. Аминь. (Евр. 13:4).

Молитвы о специфических проблемах

Развод

Господь,
я исповедую Тебе ту роль, которую играл(а) в своем разводе (попросите Господа указать вам конкретные детали). Спасибо за Твое прощение, и я выбираю не осуждать себя. Я отвергаю ложь, что развод меняет мое положение во Христе и делает меня неполноценным(ой) христианином(кой). Я отвергаю неправду, что меня невозможно любить, что я ничего не значу, и моя жизнь пуста и бессмысленна. Я дитя Божье и имею полноту жизни во Христе, Который любит и принимает меня таким(ой), какой(ая) я есть. Господь, я выбираю простить тех, кто нанес мне боль, и доверяю Тебе исцелить мои раны. Я отдаю свое будущее в Твои руки. Во имя Иисуса Христа. Аминь.

Гомосексуализм

Господь,
я отрекаюсь от лжи, что Ты создал меня, или кого-то еще, гомосексуалистом (лесбиянкой). Я соглашаюсь, что Ты в Своем Слове ясно запрещаешь гомосексуальное поведение. Я выбираю принять себя как Божьего ребенка и благодарю за то, что Ты сотворил меня мужчиной (женщиной). Я отрекаюсь от всех гомосексуальных (лесбийских) мыслей, побуждений, желаний, действий и от всех случаев, которые дьявол использовал, чтобы извратить мои взаимоотношения с людьми. Я провозглашаю себя свободным(ой) во Христе для общения с противоположным и своим полом так, как Ты предназначил. Во имя Иисуса Христа. Аминь.

Порнография

Господь,
я признаю, что смотрел(а) порнографию или создавал(а) в голове порнографические образы с целью сексуального стимулирования себя. Я пытался(ась) удовлетворить свои похотливые желания и осквернял(а) свое тело, душу и дух. Благодарю за то, что Ты очищаешь и прощаешь меня. Я отбираю у дьявола то место в своей жизни, которое он занял через неправедное использование моего тела и разума. Я отворачиваюсь от любых источников информации, связанных с моим сексуальным грехом и обязуюсь обновлять

свой ум и помышлять о том, что чисто. Наполни меня Твоим Духом Святым и дай мне силы не исполнять вожделений плоти. Во имя Иисуса Христа. Аминь.

Аборт

Господь,
я признаю, что не был(а) надлежащим стражем и хранителем жизни, которую Ты доверил мне, и признаю, что это грех. Спасибо за то, что благодаря Твоему прощению я могу себя простить. Я вверяю Тебе этого ребенка на всю вечность и верю, что он находится в Твоих заботливых руках. Во имя Иисуса Христа. Аминь.

Склонность к самоубийству

Господь,
я отрекаюсь от всех мыслей о самоубийстве и предпринятых мною попыток убить себя или причинить себе какой-либо вред. Я отвергаю ложь о том, что жизнь безнадежна и что я смогу обрести мир, лишив себя ее. Сатана — вор, и он пришел, чтобы украсть, убить и погубить. Я избираю жизнь во Христе, а Он сказал, что пришел дать жизнь, и жизнь с избытком. Спасибо за Твое прощение, которое позволяет мне простить себя. Я выбираю верить, что во Христе всегда есть надежда, и что мой Небесный Отец меня любит. Я молюсь во имя Иисуса Христа. Аминь. (Ин. 10:10).

Злоупотребление пищей, алкоголем, наркотиками

Господь,
я исповедую, что злоупотреблял(а) (пищей, алкоголем, табаком, лекарствами, наркотиками и так далее), чтобы получить удовольствие, уйти от реальности или справиться со стрессом. Я признаю, что причинял(а) вред своему телу и пагубным образом программировал(а) свой ум. Я также угашал(а) Духа Святого. Благодарю за Твое прощение. Я отрекаюсь от любого дьявольского влияния на мою жизнь через злоупотребление химическими веществами или пищей. Я отдаю все свои страхи и тревоги Христу, возлюбившему меня. Я обязуюсь больше не поддаваться пагубным пристрастиям и прошу Господа наполнить меня Духом Святым, направлять меня и дать мне силы. Во имя Иисуса Христа. Аминь.

Расстройства питания или нанесение себе увечий

Господь,
я отвергаю ложь, что моя ценность как человека зависит от моей внешности или успеха. Я отрекаюсь от нанесения себе вреда, резания кожи, вызова рвоты, использования слабительных или голодания как способов контроля над своей жизнью, изменения внешности или избавления от зла. Я провозглашаю, что только кровь Господа Иисуса Христа очищает меня от греха. Я признаю, что за меня заплачена дорогая цена и мое тело, храм Духа Святого, принадлежит Богу. Поэтому я выбираю прославлять Бога в своем теле. И отрекаюсь от лжи, что я — зло или что какая-либо часть моего тела является злом. Спасибо за то, что Ты принимаешь меня во Христе таким(ой), какой(ая) я есть. Во имя Иисуса Христа. Аминь.

Чрезмерное стремление к преуспеванию и перфекционизм

Господь,
я отрекаюсь от лжи, что моя ценность как человека зависит от моих способностей или достижений. Я провозглашаю истину, что моя индивидуальность и самооценка основываются на том, что я Твое дитя. Я отказываюсь от желания искать признания и принятия у людей и решаю верить, что я уже признан(а) и принят(а) во Христе, потому что Он умер и воскрес за меня. Я выбираю верить истине, что я спасен(а) не делами праведности, но по милости Твоей. Выбираю верить, что я больше не под проклятьем Закона, потому что Христос стал проклятьем за меня. Я принимаю дар жизни во Христе и выбираю пребывать в Нем. Я отрекаюсь от стремления добиться совершенства, живя под Законом. По благодати Твоей, Небесный Отец, я выбираю с этого дня жить по вере, согласно Твоей истине и в силе Твоего Духа Святого. Во имя Иисуса Христа. Аминь.

После того, как вы покаялись во всех грехах, напомненных вам Богом, закончите этот Шаг следующей молитвой:

Дорогой Небесный Отец,
я исповедался(ась) во всех этих грехах и знаю, что Ты простил меня и очистил кровью Господа Иисуса Христа. Я отрекаюсь от любых сатанинских уз, которые я пустил(а) в свою жизнь через сознательное участие в этих грехах, и закрываю врагу доступ в мой разум. Во Имя Иисуса Христа. Аминь.

Шаг 7
ПРОКЛЯТИЯ или БЛАГОСЛОВЕНИЯ

Следующий Шаг к свободе требует отречения от двух возможных негативных влияний на вашу жизнь: грехов ваших предков и всяких сатанинских заданий, направленных на вас и ваше служение (снятие каких бы то ни было проклятий). В десяти заповедях Бог говорит:

Не делай себе кумира и никакого изображения того, что на небе вверху, и что на земле внизу, и что в воде ниже земли; не поклоняйся им и не служи им, ибо Я Господь, Бог твой, Бог ревнитель, наказывающий детей за вину отцов до третьего и четвертого рода, ненавидящих Меня, и творящий милость до тысячи родов любящим Меня и соблюдающим заповеди Мои (Исх. 20:4–6).

Беззакония одного поколения могут неблагоприятным образом влиять на будущее потомков, если от этих грехов не отречься и не провозгласить свое новое духовное наследие во Христе. Эта нисходящая цепочка различных негативных влияний может быть разорвана искренним покаянием. Вы не виновны в чужих ошибках, но из-за них сатана получил доступ к вашей семье. Эти грехи также могли предрасположить вас к определенным слабостям, а атмосфера в семье во времена вашего детства могла оказать негативное влияние на формирование вашей личности. Таким образом, как наша наследственность, так и условия, в которых мы растем, могут спровоцировать развитие в нас определенной греховной склонности. В следующей молитве попросите Господа открыть вам грехи ваших предков:

Дорогой Небесный Отец,

пожалуйста, открой все грехи моих предков, переданных мне по

семейной линии. Как новое творение во Христе, я хочу освободиться от этих негативных влияний и жить в соответствии с моей новой сущностью Твоего дитя. Молюсь во имя Иисуса Христа. Аминь.

Запишите все, на что Господь вам укажет. И отрекитесь от проступков своих предков.

1.

2.

3.

4.

5.

6.

7.

8.

9.

10.

Провозглашение

Здесь и сейчас я отвергаю все грехи моих предков и отрекаюсь от них (назовите все грехи семьи, которые вам открыл Бог).

Как избавленный(ая) от царства тьмы и взятый(ая) в царство Сына Божьего, я провозглашаю себя свободным(ой) от этих губительных влияний. Теперь я прощен(а) и очищен(а) во Христе.

Как распятый(ая) и воскрешенный(ая) со Христом и посаженный(ая) с Ним на небесах, я отвергаю все проклятия, направленные против меня и моего служения. Я провозглашаю истину, что всякое проклятие, возложенное на меня сатаной и его приспешниками, разрушено Иисусом Христом.

Я отвергаю любые притязания сатаны на меня. Я принадлежу Господу Иисусу Христу, Который искупил меня Своей кровью. Я заявляю, что навечно и полностью предаю себя в Его руки.

Властью, данной мне Богом во Христе, я приказываю всякому духу, враждебному Господу Иисусу, оставить меня.

С этого дня я посвящаю себя своему Отцу Небесному и исполнению Его воли. Во имя Иисуса Христа. Аминь. (Гал. 3:13)

Заключительная молитва

Дорогой Небесный Отец,

я прихожу к Тебе как Твой ребенок, искупленный из рабства греха кровью Господа Иисуса Христа. Ты — Господь Вселенной и моей жизни. Я подчиняю Тебе свое тело как орудие праведности, как живую и святую жертву. Я прошу Тебя сейчас исполнить меня Твоим Святым Духом. Я посвящаю себя обновлению своего ума, чтобы познать, что есть Твоя воля, благая, угодная и совершенная. Я молюсь и делаю это во имя и властью Иисуса Христа, моего Господа и Спасителя. Аминь.

ПРОСИТЬ ПРОЩЕНИЕ У ДРУГИХ

После того, как вы обрели свою свободу во Христе, вам, может быть, нужно сделать кое-что еще. В Шаге 3 вы прощали тех, кто нанес вам боль. Этот процесс прощения происходил только между вами и Богом. Однако, возможно, есть кто-то, кого обидели вы сами. В этом случае вам необходимо попросить прощение не только у Бога, но и у людей. Информация в Приложении 3 поможет вам понять, когда необходимо это сделать, и как сделать это мудро и в соответствии с Божьими принципами.

СОХРАНЕНИЕ ОБРЕТЕННОЙ СВОБОДЫ

Даже после обретения свободы во Христе, вы будете снова и снова подвергаться духовным атакам. Но теперь у вас есть все средства не поддаваться миру, плоти или дьяволу. Если вы будете продолжать покоряться Богу и противостоять сатане, он убежит от вас (Иак. 4:7).

Дьявола привлекает грех так же, как мух гнилой мусор. Избавьтесь от гнили, и мухи перестанут вас беспокоить. Живите по истине, кайтесь в грехах, прощайте, и у дьявола не будет возможности зацепиться в вашей жизни.

Помните, что победа в одной битве не означает конца войны. Свободу нужно сохранять. Закончив процесс «Шагов» и испытав радость освобождения, одна женщина спросила: «Я теперь всегда буду такой?» Да, она сможет оставаться в этой свободе, если будет сохранять правильные отношения с Богом. Даже если она споткнется и упадет, то будет знать, что нужно делать, чтобы подняться снова.

Одна жертва ужасного насилия, пытаясь справиться с его последствиями в своей жизни, так описала свои ощущения:

«Я чувствовала, как будто меня заставили играть в опасную игру с коварным незнакомцем в моем собственном доме. Я все время проигрывала и хотела закончить игру, но враг мне не позволял. В конце концов, я позвала полицию (высшую власть). Они приехали и выставили нежеланного гостя. Позже он опять постучал в дверь и попросил войти, но я узнала его голос и не впустила».

Какая замечательная иллюстрация обретения и сохранения свободы! Призовите Христа, обладающего всей властью, и Он избавит вас от врага вашей души.

Как сохранить свободу

Мы снова хотим подчеркнуть: свободу необходимо поддерживать и хранить. Вы одержали победу в важном сражении, но война не окончена. Чтобы сохранять свободу во Христе и возрастать в Божьей благодати, необходимо обновлять свой разум истиной Божьего Слова. Если вы замечаете, что верите в какую-то ложь, отрекитесь от нее и изберите истину. Если вам вспоминаются еще какие-то болезненные события, простите своих обидчиков. Если Господь откроет вам новые области греха в вашей жизни, сразу от них отрекитесь. Держите эту книгу под рукой, и как только у вас возникнут внутренние проблемы, вы будете знать, что с ними делать. Многие люди регулярно самостоятельно проходят «Шаги» с целью так называемой «духовной профилактики».

Если вы еще не прочитали книги «Победа над тьмой» и «Разрывающий оковы», то мы рекомендуем сделать это сейчас. Для сохранения свободы очень важно также предпринять следующее:

1. Начните посещать церковь, где преподается Божья истина в любви и благодати, и, по возможности, присоединитесь к домашней группе, где вы смогли бы найти поддержку и открыто обсуждать любые вопросы.

2. Читайте Слово Божье и размышляйте над Его истиной каждый день. Выучите наизусть ключевые стихи из Библии, используемые в «Шагах». Также полезно каждый день читать вслух «Утверждения истины» из Шага 2.

3. Следите за тем, что происходит у вас в голове. Пленяйте каждую мысль в послушание Христу. Не позволяйте своему разуму быть пассивным. Отвергайте всякую ложь, избирайте истину и твердо стойте на своей позиции дитя Божьего.

4. Не позволяйте себе умственно и духовно лениться, чтобы не вернуться к старым привычкам мышления и поведения, эмоциям. Если вы чувствуете, что вам трудно устоять в победе,

поделитесь этим с другом, который сможет поддержать и молиться за вас.

5.   Не ожидайте, что кто-то будет сражаться вместо вас — это ваша битва. Другие люди могут вас поддерживать, но они не могут думать, молиться, изучать Библию и избирать истину за вас.

6.   Посвятите себя ежедневной молитве. Этим вы показываете Богу, что зависите от Него и уповаете на Него.

Мы предлагаем вам образец ежедневных молитв, однако вы можете молиться своими словами. Самое главное, чтобы прошение шло не только с вашего языка, но из глубины вашего сердца.

ЕЖЕДНЕВНАЯ МОЛИТВА И ПРОВОЗГЛАШЕНИЕ

Дорогой Небесный Отец,

я славлю и почитаю Тебя как своего Господа и Спасителя. Все во Вселенной подчинено Твоей власти. Спасибо, что Ты всегда со мной и никогда меня не покинешь. Ты один Всемогущий и Премудрый Бог. Ты добрый и любящий во всех Своих путях. Я люблю Тебя и благодарю, что я един(а) со Христом и духовно жив(а) в Нем. Я выбираю не любить мира и того, что в мире, и распинаю плоть со всеми ее похотями.

Спасибо Тебе за жизнь, которую я теперь имею во Христе. Наполни меня Святым Духом, чтобы я смог(ла) отвернуться от греха и повернуться к Тебе. Я провозглашаю свою полную зависимость от Тебя и противостою сатане и всей его лжи. Я выбираю верить истине Божьего Слова, не взирая на то, что говорят мои чувства. Я отказываюсь разочаровываться. Ты Бог всякой надежды. Нет ничего слишком трудного для Тебя. Я убежден(а), что Ты восполнишь все мои нужды, пока я буду стремиться жить по Слову Твоему. Спасибо, что во Христе, дающем мне силу, я могу жить полной и ответственной жизнью.

Сейчас я встаю против сатаны и приказываю ему и всем его нечистым духам оставить меня. Я облекаюсь во всеоружие Божье, чтобы устоять против всех козней дьявола. Я посвящаю Тебе свое тело, как живую и святую жертву, и выбираю обновлять свой разум Твоим живым Словом. Поступая так, я смогу познать, что воля Твоя благая, угодная и совершенная для меня. Во имя моего Господа и Спасителя Иисуса Христа. Аминь.

МОЛИТВА НА НОЧЬ

Спасибо Тебе, Господь, что Ты привел меня в Твою семью и благословил всяким духовным благословением во Христе Иисусе. Спасибо, что Ты укрепляешь и обновляешь меня, когда я сплю. Я принимаю это как одно из Твоих благословений и доверяю Тебе охранять мой разум и тело во время сна.

Я размышлял(а) о Тебе и Твоей истине в течение дня, и пусть эти добрые мысли пребывают в моем разуме, когда я сплю. Я предаю себя под Твою защиту от любых попыток дьявола и его бесов атаковать меня во время сна. Храни мой разум от кошмаров. Я отрекаюсь от всякого страха и доверяю все свои тревоги Тебе, Господь. Я вверяю себя Тебе; Ты моя скала, твердыня, моя крепкая башня. Да пребывает мир Твой в этом месте отдыха. Во имя Иисуса Христа. Аминь.

МОЛИТВА ЗА ДУХОВНОЕ ОЧИЩЕНИЕ ДОМА, КВАРТИРЫ ИЛИ КОМНАТЫ

Удалив и уничтожив все принадлежавшие вам предметы ложного поклонения, помолитесь вслух в каждой комнате:

Небесный Отец,

я признаю Тебя Господом небес и земли. В Своей суверенной силе и любви Ты мне даровал многое. Спасибо Тебе за этот дом. Я объявляю его местом духовной безопасности для меня и моей семьи и прошу о Твоей защите от всяких атак врага. Как ребенок Божий, вознесенный и посаженный со Христом на небесах, я повелеваю всякому злому духу, обосновавшемуся здесь из-за поступков прежних или нынешних жильцов (включая меня и членов моей семьи), уйти и больше не возвращаться. Я отрекаюсь от всех проклятий и заговоров, направленных против этого места. Прошу Тебя, Небесный Отец, поставь Своих святых ангелов охранять этот дом от всяких попыток врага войти и помешать исполнению Твоих намерений для меня и моей семьи. Во имя Господа Иисуса Христа. Аминь.

МОЛИТВА ДЛЯ ЖИВУЩИХ В ОКРУЖЕНИИ НЕХРИСТИАН.

Удалив и уничтожив все принадлежавшие вам предметы ложного поклонения, помолитесь вслух в месте своего проживания:

Спасибо Тебе, Небесный Отец, что у меня есть, где жить и отдыхать. Я прошу, сделай мою комнату (или ее часть) местом духовной безопасности. Я отрекаюсь от любого посвящения ложным богам, совершенного здесь другими жильцами. Я отрекаюсь от любых действий (чужих и своих), которые могли дать право дьяволу находиться здесь. На основании того, что я дитя Божье и сонаследник(ца) со Христом, Кому дана вся власть на небе и на земле, я приказываю всем злым духам оставить это место и больше сюда не возвращаться. Прошу Тебя, Небесный Отец, поставь Своих святых ангелов охранять меня в месте моего проживания. Во имя Иисуса Христа. Аминь.

Продолжайте жить в истине, что ваша сущность и достоинство основываются на том, кем вы являетесь во Христе. Не забывайте, что вы можете найти принятие, защищенность и значимость только в Нем.

Ниже приведены три списка библейских истин о вас. В течение нескольких недель произносите их вслух утром и вечером. В молитве размышляйте о том, что вы прочитали, и пусть истина о вашем чудесном положении во Христе обновляет ваш разум.

Во Христе я принят(а)

Я отрекаюсь от лжи, что я отвержен(а), нелюбим(а), грязен(а) или унижен(а). Во Христе я полностью принят(а). Бог обо мне говорит:

- Я дитя Божье (Ин. 1:12).
- Я друг Христа (Ин. 15:15).
- Я оправдан(а) (Рим. 5:1).
- Я соединен(а) с Господом и един(а) духом с Ним (1 Кор. 6:17).
- Я куплен(а) дорогой ценой и принадлежу Богу (1 Кор. 6:19, 20).
- Я член Тела Христова (1 Кор. 12:27).
- Я свят(а) во Христе (Еф. 1:1).
- Я усыновлен (удочерена) Богом (Еф. 1:5).
- Я имею прямой доступ к Богу через Иисуса Христа и Духа Святого (Еф. 2:18).
- Я искуплен(а), и грехи мои прощены (Кол. 1:14).
- Я имею полноту во Христе (Кол. 2:10).

Во Христе я защищен(а)

Я отрекаюсь от лжи, что я виновен(на), незащищен(а), одинок(а) или оставлен(а). Во Христе я полностью защищен(а). Бог обо мне говорит:

- Я свободен(а) от осуждения (Рим. 8:1–2).
- Все содействует к моему благу (Рим. 8:28).
- Я свободен(а) от любых обвинений против меня (Рим. 8:31–34).
- Ничто не может отлучить меня от любви Божьей (Рим.

8:35–39).

- Я помазан(а) Богом, и на мне печать Духа Его (2 Кор. 1:21).

- Я уверен(а), что Бог завершит доброе дело, начатое во мне (Фил. 1:6).

- Я гражданин(ка) Небес (Фил. 3:20).

- Я сокрыт(а) со Христом в Боге (Кол. 3:3).

- Бог дал мне духа не боязни, но силы, любви и целомудрия (2 Тим. 1:7).

- Я получу милость и благодать для благовременной помощи (Евр. 4:16).

- Я рожден(а) от Бога, и лукавый не может прикоснуться ко мне (1 Ин. 5:18).

Во Христе я значим(а)

Я отрекаюсь от лжи, что я ничтожен(а), неполноценен(а), беспомощен(а) или безнадежен(а). Во Христе я значим(а). Бог обо мне говорит:

- Я соль земли и свет мира (Мф. 5:13, 14).

- Я ветвь истинной Лозы, Иисуса Христа, дающего жизнь (Ин. 15:1, 5).

- Я избранник(ца) Божий(ья) и предназначен(а) приносить плоды (Ин. 15:16).

- Я свидетель(ница) Христа, обладающий(ая) силой Духа Святого (Деян. 1:8).

- Я храм Божий (1 Кор. 3:16).

- Я посланник(ца) Бога, давшего мне служение примирения (2 Кор. 5:17–21).

- Я соработник(ца) Богу (2 Кор. 6:1).

- Я посажен(а) с Христом на небесах (Еф. 2:6).

- Я Божье творение и создан(а) на добрые дела (Еф. 2:10).
- Я могу смело входить в Божье присутствие (Еф. 3:12).
- Я все могу в укрепляющем меня Иисусе Христе! (Фил. 4:13).

Я не великий Я Есмь, но благодатью Божьей я то, что я есть. (Исх. 3:14; Ин. 8:24, 28, 58; 1 Кор. 15:10).

Приложение 1. Преодоление тревоги

Тревога отличается от страха тем, что обычно у нее нет конкретного объекта или явной причины, которая ее вызывает. Люди чувствуют тревогу или беспокойство, когда они в чем-то не уверены или не знают, что их ожидает в будущем.

Переживать о том, что для нас важно, вполне нормально. Это показывает, что нам не все равно, что нас это заботит. Можно испытывать беспокойство о результатах экзамена, успехе запланированного мероприятия или угрозе надвигающего шторма. Такие волнения в порядке вещей и обычно приводят к определенным ответственным действиям. Однако для кого-то чувство тревоги бывает намного сильнее и продолжительнее. Таких людей мучает большое количество различных беспокойств, и это отнимает много времени и сил. Интенсивность и частота этих переживаний обычно совершенно непропорциональны вызвавшим их причинам.

Если вы страдаете от постоянного чувства тревоги и беспокойства, следующие рекомендации помогут вам от них избавиться и возложить все свои заботы на Христа, ибо Он печется о вас (1 Пет. 5:7).

Обратитесь к Богу в молитве.

Молитва — это первый шаг в возложении всех тревог на Христа. Помните слова Павла: «Не заботьтесь ни о чем, но всегда в молитве и прошении с благодарением открывайте свои желания пред Богом, и мир Божий, который превыше всякого ума, соблюдет сердца ваши и помышления ваши во Христе Иисусе» (Фил. 4:6). Попросите Господа направлять вас:

Дорогой Небесный Отец,

я прихожу к Тебе как Твое дитя, искупленное кровью Господа нашего Иисуса Христа. Я заявляю свою полную зависимость от Тебя и то, что я в Тебе нуждаюсь. Без Христа я ничего не могу. Ты знаешь все мои мысли и чувства, а также мою ситуацию от начала и до конца. Я в смятении и тревоге, мне необходим Твой мир, чтобы он поселился в моем уме и сердце. Я смиряю себя пред Тобою и верю, что Ты восполнишь все мои нужды по богатству милости Своей. Я прошу Твоего святого водительства, чтобы я смог(ла) осуществить свое призвание — верой и в силе Духа Святого жить ответственной жизнью. «Испытай меня, Боже, и узнай сердце мое; испытай меня и узнай помышления мои; и зри, не на опасном ли я пути, и направь меня на путь вечный». Во имя Иисуса Христа. Аминь. (Пс. 138:23, 24)

Разрешите каждый личный или духовный конфликт.

Цель процесса «Шаги к Свободе во Христе» — это разобраться со всем неправедным в вашей жизни, что препятствует близким отношениям с Богом и дает возможность дьяволу влиять на ваш разум. Помните, что «Дух же ясно говорит, что в последние времена отступят некоторые от веры, внимая духам обольстителям и учениям бесовским» (1 Тим. 4:7). Вы будете испытывать смятение, если будете слушать духов обольстителей. Вам нужно пребывать в присутствии Божьем. Тогда «...мир Божий, который превыше всякого ума, соблюдет сердца ваши и помышления ваши во Христе Иисусе» (Фил. 4:7).

Обозначьте проблему.

Четко обозначенная проблема уже наполовину решена. В тревожном состоянии люди обычно видят все в преувеличенном виде. Посмотрите на проблему в перспективе: будет ли она важна для вечности? В большинстве случаев сама тревога вредит человеку больше, чем негативные последствия того, о чем он беспокоился. Многие испытывают огромное облегчение, когда четко формулируют свою проблему и смотрят на нее с позиции будущего.

Отделите факты от предположений.

Конкретные факты могут вызвать у человека страх, но не тревогу. У страха есть объект, мы это разберем в следующем упражнении. Люди часто испытывают беспокойство о завтрашнем дне. Поскольку мы не знаем, что произойдет, то начинаем строить предположения. У нашего разума есть особая тенденция предполагать худшее. Если мы будем принимать домыслы за реальность, то наша тревога начнет зашкаливать. Строя догадки о завтрашнем дне, вы неизбежно будете испытывать стресс и беспокойство. «Тоска на сердце человека подавляет его...» (Прит. 12:25). Поэтому старайтесь всегда отслеживать, что вас беспокоит — факт или предположение.

Определите, чем у вас есть право и возможность управлять.

Вы отвечаете только за то, чем вы можете и имеете право управлять. Вы не несете ответственность за то, что не находится в вашей власти. Ваша самооценка должна зависеть только от того, за что ответственны вы. Если вы живете легкомысленной жизнью, то должны испытывать беспокойство и тревогу! Не пытайтесь возложить свою ответственность на Христа — Он вам вернет ее обратно. Возложите на Него свою тревогу, поскольку тем, кто живет праведно, Он обещал заботиться о восполнении их нужд.

Напишите список того, за что вы ответственны.

Примите решение вести ответственную жизнь, выполнять свои обязанности и исполнять свое предназначение.

Остальное — это забота Бога.

Единственное, что от вас еще потребуется, — это продолжать молиться и сосредоточивать свои мысли на истине Слова Божьего в Фил. 4:6–8. Причиной какой-либо остаточной тревоги может являться то, что вы принимаете на себя заботы, которые вам никогда не предназначались.

Преодоление тревоги. Рабочая тетрадь

Обратитесь к Богу в молитве.
Разрешите каждый личный или духовный конфликт.
Обозначьте проблему.
Отделите факты от предположений.

- Факты, относящиеся к ситуации:

- Предположения, относящиеся к ситуации:

- Какие предположения можно проверить и перевести в разряд фактов?

Определите, чем у вас есть право и возможность управлять.

- Что является вашей личной ответственностью, и чем вы можете управлять:

- Что не находится в вашей власти:

- Запишите все, что входит в сферу вашей ответственности, касательно данной ситуации:

Если вы сделали все от вас зависящее, то остальное — это забота Бога. Вашей единственной задачей остается только обращаться к Нему в молитве, в соответствии с Фил. 4:6–8.

Приложение 2. Преодоление страха

Если вы разрешили свои личные и духовные конфликты, покорившись Богу и противостав дьяволу, то теперь вы в состоянии разобраться и со своими страхами.

Под Божьим руководством проанализируйте свои страхи

Страх — это заложенная Богом естественная реакция на угрозу нашей физической или психологической безопасности. Страх Божий — начало мудрости, и это единственное чувство, которое может побороть все остальные страхи. Беспричинные опасения заставляют нас поступать безответственно или мешают нам быть хорошими свидетелями Христа. За каждой неоправданной боязнью скрывается ложь, которая должна быть выявлена. Позвольте Господу вывести на поверхность все страхи, контролирующие вашу жизнь, помолившись следующей молитвой:

Дорогой Небесный Отец,

я обращаюсь к Тебе, как Твое дитя. Я отдаю себя под Твою защиту и признаю, что единственный страх, который должен у меня быть, — это страх Божий. Я признаю, что позволил(а) тревоге и опасению отравлять мою жизнь из-за недостатка веры и доверия Тебе. Я не всегда жил(а) верой в Тебя и слишком часто полагался(лась) на собственные силы и ресурсы. Спасибо за Твое прощение во Христе.

Я выбираю верить истине, что Ты дал мне духа не боязни, но силы, любви и здравомыслия. Поэтому я отрекаюсь от всякого духа страха, действующего в моей жизни, и прошу: открой мне все контролирующие меня страхи и стоящую за ними ложь. Я хочу жить по вере в Тебя, в силе Духа Святого. Молюсь во имя Иисуса Христа.

Аминь. (2 Тим. 1:7)

Внимательно прочитайте приведенный ниже список. Он поможет понять, какие страхи вам мешают. Попросите Духа Святого направлять ваши мысли и составьте свой вариант списка страхов, выбрав то, что относится к вам, и добавив то, что в списке не упомянуто. Отметьте, какое событие и когда вызвало страх.

- ❑ Страх смерти.
- ❑ Страх перед сатаной.
- ❑ Страх развода.
- ❑ Страх не быть любимым(ой) Богом.
- ❑ Страх быть отвергнутым(ой) людьми.
- ❑ Страх никогда не полюбить или не быть любимым(ой).
- ❑ Страх выйти замуж, жениться.
- ❑ Страх никогда не выйти замуж, не жениться.
- ❑ Страх никогда не иметь детей.
- ❑ Страх осуждения, неодобрения.
- ❑ Страх оказаться опозоренным(ой).
- ❑ Страх потерпеть неудачу.
- ❑ Страх стать, быть гомосексуалистом (лесбиянкой).
- ❑ Страх финансовых проблем.
- ❑ Страх сумасшествия.
- ❑ Страх оказаться безнадежным человеком.
- ❑ Страх смерти любимого человека.
- ❑ Страх будущего.
- ❑ Страх ссоры, конфронтации.
- ❑ Страх оказаться жертвой преступления.
- ❑ Страх боли, болезни.
- ❑ Страх совершить непростительный грех и потерять спасение.
- ❑ Страхи перед конкретными людьми, животными или объектами (перечислите).

_____
_____
_____

- ❑ Другие страхи, о которых вам напомнил Господь.

_____
_____
_____

Проанализируйте причину страха.

Причиной всякого нерационального страха является убеждение, основанное на обмане. Эти ложные идеи необходимо вырвать с корнем и заменить на истины Слова Божьего. Посвятите столько времени, сколько необходимо, поиску этого обмана в себе, поскольку отречение от него и выбор истины являются самым важным моментом в обретении и сохранении свободы во Христе. Проанализируйте и запишите ложь, стоящую за каждым вашим страхом, а также соответствующую библейскую истину.

Определите, каким образом этот страх контролировал вашу жизнь.

Внимательно подумайте, каким образом ваши страхи мешали вам жить ответственной жизнью или быть свидетелями Христа.

Теперь, проанализировав свои страхи, получите Божье очищение через признание и покаяние. Признание — это согласие с Господом что то, что вы делали, было неправильно. Покаяние — это решение отвернуться от греха и жить верой в Бога. Для каждого вашего страха произнесите следующую молитву:

Господь,

я признаюсь, что испытывал(а) страх (назовите какой) и каюсь в этом. Я верил(а) лжи (назовите какой). Я отрекаюсь от нее и выбираю верить истине (назовите истину). Я также каюсь в том, как этот страх заставлял меня поступать безответственно или мешал мне быть свидетелем(цей) Христа (назовите конкретное действие).

Теперь я выбираю жить верой в Тебя, Боже, уповая на Твое обещание, что Ты защитишь меня и восполнишь все мои нужды. Во имя Иисуса Христа. Аминь. (Пс. 27:1; Мф. 6:33, 34)

После того как вы разберетесь с каждым страхом, напомненным вам Господом (включая стоящую за ним ложь и вызванное им поведение), помолитесь так:

Дорогой Небесный Отец,

спасибо, что я могу полностью Тебе довериться. Я выбираю верить Тебе, даже когда мои чувства или обстоятельства заставляют меня бояться. Ты наказал мне не страшиться, поскольку Ты всегда со мной; не смущаться и не тревожиться, поскольку Ты мой Бог. Ты поможешь мне, укрепишь и поддержишь меня десницею правды Своей. Во имя Иисуса Христа. Аминь. (Ис. 41:10)

Выработайте план правильного поведения

Следующим этапом будет выработка плана действий для преодоления страха.

Посмотрите своему страху в глаза.

Кто-то сказал: «Сделайте то, чего вы больше всего боитесь, и вашему страху придет конец». Он, как мираж в пустыне, кажется очень реальным до тех пор, пока вы к нему не приблизитесь. Но стоит подойти поближе, и он растворится в воздухе. Если мы будем от своего страха прятаться, он будет нас преследовать и увеличиваться в размерах, пока не закроет весь горизонт.

Заранее определите свою реакцию на любой объект страха.

Страх Божий — единственное чувство, которое может рассеять все другие опасения, поскольку Бог обладает властью над всеми объектами страха, включая сатану. Хотя наш противник дьявол «...ходит, как рыкающий лев, ища кого поглотить» (1 Пет. 5:8), он уже повержен. Иисус, «отняв силы у начальств и властей, властно подверг их позору, восторжествовав над ними Собою» (Кол. 2:15).

Когда мы встречаемся лицом к лицу с каким-либо объектом страха, то должны сразу сосредоточиться на Боге, Который вездесущ и всемогущ. Поклоняться Господу — это значит признать эти Его свойства и не забывать о них. Поэтому мы в любой ситуации должны напоминать себе, что наш любящий Отец Небесный всегда с нами и неизмеримо сильнее любого врага или жизненных обстоятельств.

Претворяйте этот план в жизнь в силе Духа Святого.

Помните, вы никогда не бываете в своей битве одни. «...Бог производит в вас и хотение и действие по Своему благоволению» (Фил. 2:13).

Преодоление страха. Рабочая тетрадь

Под Божьим руководством проанализируйте свой страх:

- Выявите все объекты страха.

- Когда вы испытали каждый страх в первый раз?

- Какие события этому предшествовали?

- Какая ложь скрывается за каждым страхом?

Определите, как страхи контролировали вас, мешая жить верой в Бога?

Каким образом страх:

- мешал вам быть ответственным и делать то, что правильно?

- заставлял вас делать то, что плохо и безответственно?

- не давал вам быть свидетелем Христа?

Признайтесь во всех способах, которыми страх активно или пассивно контролировал вашу жизнь.

Посвятите себя жить праведно и ответственно.

В молитве выработайте план ответственного поведения.

Посмотрите своему страху в глаза.

Заранее определите свою реакцию на любой объект страха.

Претворяйте этот план в жизнь в силе Духа Святого.

Приложение 3. Просить прощение у других

Почему мы должны просить прощение

Отрывок из Евангелия от Матфея 5:23–26 является важным текстом Писания, говорящим о необходимости просить прощение. Нужно отметить в нем несколько основных положений. Эти стихи рассказывают о человеке, который, неся дар к жертвеннику, вспоминает, что брат его имеет что-то против него. То есть о том, что мы сделали не так, нам напоминает Дух Святой.

Мы каемся в содеянном перед теми, кому причинили боль. Нам следует сделать это, даже если человек не знает о нашей роли в том, что с ним произошло. Если же нас преследуют ревнивые, похотливые или гневные мысли о ком-то, и этот человек о них не знает, то нужно принести покаяние только Богу.

Как попросить прощение

1. Запишите, что вы сделали человеку плохого и почему.
2. Убедитесь, что вы сами его уже простили за то, что, возможно, он вам навредил.
3. Продумайте, как вы будете просить прощение:
    *   Признайтесь прямо, что то, что вы сделали, плохо.
    *   Назовите конкретно свой проступок.
    *   Не защищайте себя и не пытайтесь оправдаться.
    *   Не обвиняйте того, у кого просите прощение, и не ожидайте, что он тоже должен попросить прощение у вас.
    *   Закончите искренним: «Прости меня, пожалуйста!»
4. Подумайте о удобном месте и времени, когда вы подойдете к этому человеку.

5. Просите прощение лично, но не идите на встречу один, если есть вероятность опасности.

6. Не просите прощение в письме (только если нет другой возможности) потому что: его можно не так истолковать; оно может попасть в другие руки; его могут использовать против вас.

7. После того, как вы искренне попросили прощение, — вы свободны, не важно, простил вас тот человек или нет (Рим. 12:18).

8. Затем, когда вы сделали для примирения все возможное, прославьте Бога (Мф. 5:24).

Приложение 4. Простить себя и Бога

В Шаге 3 мы говорили о том, что иногда нам необходимо простить самих себя или Бога (хотя Он никогда не делает ничего плохого).

Для этого вы можете воспользоваться молитвами в Шаге 3, либо специальными вариантами, приведенными ниже.

Для прощения самого себя вам нужно глубоко осознать, что вы уже прощены за содеянное. Простите себя в следующей молитве:

Господь,

я верю всей душой, что Ты уже простил и очистил меня от грехов, в которых я покаялся(лась) Тебе. Ради Твоей великой любви и благодати — а не потому, что я заслужил(а), — выбираю более не осуждать себя, поскольку Ты уже меня простил. Я принимаю Твое прощение во имя Иисуса Христа. Аминь.

Когда вы прощаете Бога, вы осознаете, что Он не сделал ничего плохого, и честно признаетесь в своих чувствах:

Господь,

я отпускаю все свои неосуществленные ожидания, недовольство по отношению к Тебе, тайный гнев и горечь против Тебя. Я выбираю верить, что Ты меня любишь и хочешь дать мне самое лучшее. Молюсь во имя Иисуса Христа. Аминь. (Мф. 7:9–11)

Курс ученичества «Свобода во Христе»

Иисус дал нам наставление: «идите, научите все народы» (Мф. 28:19). Хотя у нас и есть обращенные, вы, наверное, согласитесь, что настоящих учеников Христа среди них совсем немного. Многие верующие сталкиваются с трудностями в понимании и усвоении основных христианских истин, а также в следовании им по жизни.

Нередко наше возрастание в вере происходит медленно и болезненно. Иногда мы «застреваем» в тяжелых воспоминаниях пережитого. Или просто движемся по замкнутому кругу духовного смятения или повторяющегося греха.

Нельзя сказать, что у нас нет хороших наставников или ресурсов. Если мы все еще боремся с прошлыми грехами или скорбями, это означает, что нам просто трудно «соединиться» с истиной, что она еще не стала реально действовать в нашей жизни. Ведь, как сказал Христос, «и познаете истину — и истина сделает вас свободными» (Ин. 8:32, выделено нами).

Служение «Свобода во Христе» существует с целью дать руководству церквей все необходимое, чтобы помочь верующим избавиться от негативного влияния прошлого и по-настоящему познать истину Слова Божьего. Предлагаемые материалы включают теоретическую базу (основные принципы), а также инструмент ее практического использования.

Главные тезисы служения изложены в 13-недельном курсе «Свобода во Христе». Этот курс ученичества эффективно помогает христианам в духовном росте. Его часто используют как следующий этап после «Альфа-курса», помогая новообращенным усвоить основные библейские истины.

Курс «Свобода во Христе» может помочь каждому верующему осознать свое новое положение во Христе, разрешить личные и духовные конфликты и двигаться к духовной зрелости.

Лучше всего курс действует в малых группах, но возможно его использование и во время воскресных служений.

Почему этот курс эффективен?

Многие традиционные курсы ученичества фокусируются на поведении и поступках верующего: «делайте это каждый день», «больше так не делайте», «истинный христианин поступает таким образом» и тому подобное. Поэтому христиане стараются вести себя так, как по их мнению нужно себя вести. Некоторым удается делать и говорить правильные вещи, но при этом не приносить в своей жизни плодов. Другие никак не могут справиться со старыми проблемами. Третьи просто остывают и уходят.

Читая послания апостола Павла, мы замечаем, что наставления о том, как себя вести находятся во второй части его посланий. А первая часть посвящена тому, какое «богатство славного наследия» у нас есть во Христе (Еф. 1:18). Нам нужно помнить важный принцип: не то, что мы делаем, определяет, кто мы есть, а то, кто мы есть, определяет, что мы делаем.

Курс «Свобода во Христе» фокусируется как раз на этой истине: кто мы во Христе, почему нам нет больше осуждения и почему мы не обязаны застревать в порочном круге повторяющегося греха, негативного мышления и безнадежности.

Однако только лишь изучить теорию недостаточно. Конечно, знание истины делает нас свободными (Ин. 8:32). Тем не менее, тот факт, что человек услышит истину, еще не значит, что он сможет ее понять и усвоить. Поэтому наш курс включает в себя практическое занятие — мягкий и спокойный процесс «Шаги к Свободе во Христе». На этом этапе участники покоряются Богу, приносят покаяние и противостоят дьяволу. Это помогает им выбросить из жизни весь «мусор» и позволяет принять истину Слова Божьего так, что она начинает эффективно действовать в жизни каждого из них.

www.ingramcontent.com/pod-product-compliance
Lightning Source LLC
Chambersburg PA
CBHW060657030426
42337CB00017B/2665